콘텐츠가 돈이되는 시대

프롤로그   6

1장
AI 자동화로 사업을 시작하다
'AI'를 활용한 SNS마케터_박유련

01 아주 작은 시작 '네이버 블로그를 시작하다'   12
02 SNS 마케팅 단 10분이면 끝난다   18
03 챗GPT로 콘텐츠 아이디어를 현실화하라   25
04 하루 30분! 돈이 되는 '글쓰기'   31
05 평범한 주부, 콘텐츠로 월 100만원 벌다   37
06 '온라인 라이브 무료특강' 기회는 잡는 것이다   43
07 '혹시 나도 가능할까?' 망설이고 있다면   49
08 AI 자동화로 1인 사업 시작해볼까?   55

콘텐츠가 돈이되는 시대

2장
세상 간단하게 사업하는 방법 8가지
책쓰기 전문가_강사라

01 꿈꾸지 않으면 인생은 바뀌지 않는다	64
02 콘텐츠는 부를 품은 씨앗이다	71
03 아주 작은 실행 '콘텐츠'의 힘	77
04 책쓰기 전문가로 인생의 액셀을 밟는다	84
05 콘텐츠로 세상 간단하게 사업하는 방법 8가지	90
06 킹포인트만 남기는 3가지 기술	98
07 조용히 슬럼프를 지나치는 방법	104
08 독서광이 선택한 인생 대반전_'나는 사업가다'	110

3장

무언가를 원하면, 길은 스스로 열린다
그림책 교육 전문가_정채빈

01 바람 잘날 없이 바쁜 '콘텐츠 제작자'	120
02 『방긋 아기씨』 윤지회 작가, 그림책을 만나다	126
03 나는 그림책 전문가가 되기로 했다	133
04 오늘부터 1일, 콘텐츠를 시작합니다	139
05 영유아기에 그림책, 필수 교육이라구요?	145
06 그림책으로 소통하는 방법 8가지	151
07 나다운 것이 가장 강력하다_영유아 그림책 전문가	158
08 꿈꾸는 새는 날개를 접지 않는다	165

콘텐츠가 돈이되는 시대

4장
하나의 메시지가 콘텐츠를 만든다
관계소통 멘탈코치_김나리

01 당신의 메시지가 콘텐츠가 된다	174
02 결국 통하면 그만이다 - 관계의 언어	181
03 당신의 내면을 명쾌하게 표현하고 계신가요?	188
04 공감을 부르는 4가지 메시지 기술	195
05 소리 없이 강력한 스토리텔링 전략 top 3	201
06 경험이 돈이 되도록 콘텐츠를 재구성하다	207
07 '관계소통' 하나로 인생역전이 시작된다	214
08 당신의 멘탈을 코칭합니다	221

5장
당신의 내면을 컬러로 그립니다
컬러심리 디자이너_이청화

01 '아이의 마음이 궁금해!' 심리학을 만나다	230
02 '당신은 어떤 컬러를 가지고 있나요?'	237
03 당신의 내면을 컬러로 그립니다	243
04 컬러에 자신을 노출해야하는 이유 3가지	249
05 감정 컬러 사용설명서 6가지 색	255
06 본질, 메시지 그리고 콘텐츠를 색으로 설계하라	261
07 행복한 어른은 자신만의 컬러를 가지고 있다	266
08 콘텐츠에 보라색 시그니처를 더하다_'유앤미'	271

에필로그 276

프롤로그

왜 지금, 콘텐츠일까?

　하루에도 수십만 개의 영상이 올라오고, 수많은 사람들이 글을 쓰고, 말하고, 기록하는 이 시대에 우리는 누구나 '창작자'가 되고, 누구나 '브랜드'가 되며, 때로는 '비즈니스'를 만들어낸다. 콘텐츠는 더 이상 특별한 사람만의 영역이 아니다. 오히려 우리처럼 평범한 사람들이 조금씩 쌓아 올린 기록이 누군가의 삶에 영향을 주고, 나아가 그것이 '수익'이라는 눈에 보이는 결과로 돌아오기도 한다.

　저자 다섯 명은 서로 다른 출발선에서, 서로 다른 방식으로 콘텐츠를 시작했다. 그리고 어느 지점에서 이렇게 만나 또 다른 점을 찍고 있는 것이다. 각자의 일상 속에서 작게 시작했고, 그렇게 쌓인 경험을 통해 '콘텐츠가 곧 자산이 되는 시대'를 실감하게 된 것들을 책 한 권에 실었다. 이 책은 그런 우리들의 '진짜 경험'을 나누는 기록이다.

1장에서는 오래도록 블로그를 운영해 오다, 'AI 자동화'로 SNS 마케팅을 새롭게 시작한 박유련 저자가 기술의 도움을 받아 일과 시간을 분리하며 새로운 형태의 사업을 만들어 가는 과정을 이야기한다.

2장에서는 '책 쓰기'를 통해 자신만의 사업을 설계한 강사라 저자가, 복잡한 과정 없이도 콘텐츠로 수익을 만들어내는 단순하고 실용적인 방법 8가지를 소개한다.

3장에서는 '그림책 교육' 전문가 정채빈 저자가, 좋아하는 일을 향한 간절함이 어떻게 콘텐츠가 되고 길이 되었는지를 담담하고 진솔하게 들려준다.

4장에서는 '관계 소통' 멘탈코치 김나리 저자가, 하나의 메시지가 콘텐츠가 되고, 또 그것이 사람들과의 연결고리가 되어가는 과정을 보여준다.

5장에서는 '컬러심리'를 기반으로 한 디자인 콘텐츠를 전하는 이청화 저자가, 개인의 내면을 색으로 표현하며 '보이는 콘텐츠'로 감정을 전하는 방법을 이야기한다.

각자의 콘텐츠는 다르지만, 공통점은 하나다. '나답게 말하고, 나답게 표현한 것'이 결국 누군가에게 닿았다는 것이다. 콘텐츠가 돈이 되는 시대인 것은 확실하지만 콘텐츠는 기술이 아니라 태도이고, 재능이 아니라 시작의 용기에서 비롯된다는 것을 동일하게 전달하고 싶다.
이 책을 통해 당신도 분명히 느끼게 될 것이다.

지금, 콘텐츠를 시작해도 늦지 않았다.
아니, 지금이야말로 콘텐츠를 시작하기에 가장 좋은 시간이다.
우리는 지금, 이야기를 시작한다.

　　매월 진행되는 〈책 쓰기 수업 기초반〉 1월 종강을 앞두고 기발한 기획이 떠올랐다. 이런 아이디어는 항상 미리 계획함 없이 섬광처럼 스친다. 그렇게 기획하고 구성해 이 책이 출간됐다. 망설임 없이 이 여정을 믿고 따라와 준 저자님들께 한 분 한 분 감사 인사드린다. 박유련, 김나리, 정채빈, 이청화. "그대들의 메신저의 삶을 앞으로도 늘 응원합니다."

　　기획자이자 대표저자 강사라

콘텐츠가 돈이 되는 시대

1장

AI 자동화로 사업을 시작하다

'AI'를 활용한 SNS 마케터 **박유련**

01
아주 작은 시작 '네이버 블로그를 시작하다'

'이걸로 돈을 번다고?'
'그냥 취미 아니야?'
'나도 할 수 있을까?'

   아마 이런 생각을 해본 적이 있을 것이다. 요즘 어디를 가든 유튜브 얘기가 빠지지 않는다. '유튜브 하면 돈 벌 수 있대.' '누구는 유튜브로 월 천만 원 번대.' 이런 말들이 사람들 사이에서 돌고 있다. 몇 년 전, 블로그도 그랬다.

'블로그 하면 돈 번대.'
'협찬도 받고, 광고 수익도 생긴대.'

   나는 그 말을 듣고 블로그를 시작했다. 그냥 심심해서가 아니었다. 돈을 벌고 싶었다. 경제적으로 독립하고 아이를 키우면서도 할 수 있는 내 일을 찾고 싶었다. 하지만 문제는 '어떻게 시작해야 할지 몰랐다'라는 것이다. 당시 블로그로 돈을 번다는 사람들의 이야기를 들으면 다들 이렇게 말했다. '꾸준히 하면 돼.' '하루에 하나씩만 올려 봐.' 그런데 뭘 올려야 할까? 나는 유튜버도 아니고, 블로그 운영 경험도 없고, 글을 잘 쓰는 것도 아니었다. 그냥 남들이 한다고 하니까 따라 해본 거다. 다들 쉽게 말했지만 나는 막막했다.

솔직히 처음에는 기대가 컸다. 사람들이 말하는 것처럼 '나도 월 천만 원 쉽게 벌 수 있겠지?' 하지만 현실은 기대와는 너무 달랐다. 블로그를 시작할 때만 해도 뭔가 대단한 일을 시작하는 기분이었다. 사진 한 장, 글 한 줄. 오늘 점심으로 먹은 음식, 지나가다 본 풍경, 아이와 놀러 간 이야기. 지금 생각해 보면 정말 아무렇게나 올렸고 그렇게 몇 개월이 지났다. 나에게는 아무 일도 일어나지 않았다. 블로그 방문자는 0명에서 5명, 많아야 10명 정도. 그때 처음으로 고민했다.

'이렇게 해도 되는 걸까?' 마침 아들이 듣고 있던 동화에서 J.K 롤링의 이야기가 나왔다.

가난한 싱글맘이었고, 집에 난방조차 제대로 할 수 없었던 그녀의 이야기. 말 그대로 그녀의 상황은 절박했다. 그럼에도 그녀는 카페 한구석에서 딸이 잠든 동안 끊임없이 글을 쓰기 시작했다. 커피 한 잔을 시켜놓고, 그걸 몇 시간씩 붙잡고 있었다. 그녀에게 글을 쓰는 것은 단순한 취미가 아니었다. 살아남기 위한 유일한 희망이었다.

결론을 먼저 이야기하자면 그녀가 쓴 『해리포터』는 전 세계적으로 5억 부 이상 판매되었고, 영화로도 제작되며 엄청난 성공을 거뒀다. 그러나 이 책이 처음부터 그렇게 주목받았던 건 아니라는 걸 우리는 너무 잘 알고 있다. 처음 그녀가 원고를 출판사에 보냈을 때,

무려 12번이나 거절당했다. '이런 판타지는 팔리지 않는다.' '독자들이 관심 없어 할 것이다.' 출판사들은 그렇게 말하며 원고를 돌려보냈다. 원고를 거절당할 때마다 그녀는 좌절했지만, 그녀는 포기하지 않았다.

결코 포기할 수 없었다. 결국, 한 작은 출판사가 그녀의 원고를 받아들였다. 초판 발행 부수는 겨우 500부. 출판사는 롤링에게 이걸로 돈을 벌긴 어려울 테니, 교사 자격증이라도 따두라며 조언했다.

그러나 기적이 일어났다. 책이 출간되자마자, 아이들은 밤을 새우며 읽었다. 학교 다닐 때 책을 읽지 않던 아이들조차 『해리포터』를 손에서 놓지 못했다. 그때만 해도 그녀는 상상도 못 했을 것이다. 작은 출판사의 원고 선택이, 전 세계를 뒤흔들 고도 남을 것이라는 걸 말이다.

나는 이 이야기를 통해 내 블로그를 떠올렸다. 처음 블로그를 시작했을 때, 방문자는 0명이었다. 하루에 4~5시간씩 공들여 쓴 글이었지만, 아무도 읽지 않았다.

'이렇게 해도 될까?'
'내가 시간을 이렇게 쏟아부어도 아무도 보지 않으면 무슨 의미가 있을까?'

나는 갈림길에 서 있었다. 여기서 그만 포기할 것인가? 하지만 그만둘 수는 없었다. 이왕 시작한 거, 끝을 보고 싶었다. 블로그로 돈을 번다는 사람들은 여전히 존재하고 있었기 때문이다. 그렇다면 그들은 나와 무엇이 달랐을까? 답을 찾기 위해 인기 블로그를 살펴봤다. 그리고 나는 충격을 받았다. 너무 부족했다. 인기 블로그들은 단순한 일상 기록이 아니라, 사람들이 궁금해할 만한 정보를 담고 있었다. 사진도 정성스럽게 편집되어 있었고, 글도 깔끔했다.

'내가 너무 쉽게 생각했구나.' 그제야 깨달았다. 그저 꾸준히 올린다고 되는 게 아니었다. 사람들이 보고 싶어 하고 그들의 필요를 채워줄 수 있는 글을 써야 했다.

그때부터 하나씩 배우기 시작했다. 블로그 글은 어떻게 써야 하는지, 제목은 어떻게 정해야 하는지, 사람들이 원하는 정보는 무엇인지. 키워드 검색 방법도 공부했고, SEO(검색 엔진 최적화)라는 것도 알게 되었다. 방문자가 늘지 않았던 이유는 간단했다. 내 글이 검색에 걸리지 않았기 때문이었다. 사람들은 궁금한 것이 있을 때 검색을 한다. 그런데 내 블로그는 검색에서 보이지 않으니, 아무도 들어올 리가 없었다.

방향이 보이기 시작했다. 사람들이 검색하는 주제를 찾고, 그에 맞춰 글을 썼다. 처음에는 미세한 변화였지만, 서서히 내 블로그에 변화가 생기기 시작했다. 그날도 별 기대 없이 블로그 통계를 열어봤다. 뭔가 이상했다. 숫자가 달랐다. 방문자 10명! 다시 새로고침을 해봤다. 50명! 100명! 눈을 의심했다. '뭐지? 내 블로그에 무슨 일이 일어난 거지?' 몇 달 동안 정체되어 있던 블로그가 드디어 검색에 걸리기 시작한 것이었다. 그 이후로 방문자는 꾸준히 늘어났다. 블로그가 자리를 잡기 시작했고, 결국 나는 '검색되는 블로그'가 되었다.

　방문자가 늘어나면서 새로운 일들이 생겼다. '이 제품을 리뷰해주실 수 있나요?' 어느 날, 제품 협찬을 요청하는 메일이 와있었다. 블로그로 돈을 번다는 이야기를 들었지만, 내가 직접 경험하게 되다니. 드디어 나는 돈을 벌게 되었다.

　나폴레온 힐은 말했다.
'지금 하는 작은 행동이 결국 당신의 미래를 결정한다.'
　그 말을 온몸으로 깨달았다. 결국 내 블로그는 검색에 걸리기 시작했고, 방문자는 꾸준히 늘어났다. 그리고 또 하나의 기회가 찾아왔다. 블로그 강의를 해보지 않겠냐는 제안을 받게 된 것이다. '내가 블로그 강의를 한다고?' 시작했던 당시에는 상상도 하지 못했던 일이다. 말도 안 된다고 생각했다.

　하지만 돌이켜보니 블로그를 하면서 어느새 이미 나는 많은 걸 배우고 성장하고 있었다. 글을 쓰는 법, 사람들과 소통하는 법, SNS를 활용하는 법, 그리고 AI를 활용해 시간을 아끼는 법까지.

'이렇게 작은 시작이 인생을 바꿀 수도 있구나.'

　지금 생각해 보면 커다란 목표나 계획이 있었던 것이 아니다. 무작정 시작했던 것이 이제는 일이 되었고 내 삶을 살아가게 만들어 주었다. 처음엔 누구나 무명이다. 그러나 포기하지 않고 끝까지 과정을 쌓으면 결국 변화의 순간이 찾아온다.

우리는 흔히 성공한 블로거들의 화려한 결과만 본다. 인기 있는 블로그, 높은 조회수, 협찬과 수익, 강의를 하는 모습까지. 하지만 그 모든 것의 시작은 단 한 편의 글에서 비롯되었다. 그들 역시 처음엔 누구도 주목하지 않았다. 오직 꾸준히 쌓아 올린 기록만이 그들을 성공의 자리로 이끌었다.

처음에는 누구나 한 달이 지나도, 석 달이 지나도 원하는 결과가 나오지 않을 수도 있다. 그러나 블로그는 시간이 흐를수록 분명 그 가치를 드러낸다. 그리고 어느 순간 변화가 찾아온다. 나 역시 방문자 0에서 시작해 100명이 되기까지 심지어 1년이 넘게 걸렸다. 하지만 방향을 찾고 하루하루 쌓기 시작하자 내 블로그는 점점 성장하기 시작했다. 당신의 블로그도 분명 그렇게 될 것이다.

J.K 롤링이 그랬듯이, 수많은 성공한 사람들이 그랬듯이 아주 작은 시작이 쌓이면서 그 가치를 빛낼 것이다. 새로운 기회들을 마주하게 될 것이다. 오늘의 작은 기록이 미래를 바꿀 수도 있다. 오늘 당신이 쓴 첫 블로그 글이, 1년 후의 당신을 만들고 있을지도 모른다.

그러니 주저하지 말고, 지금 당장 시작하라. 아주 작은 시작이 쌓이면 결국 놀라운 결과를 만들 테니까.

'1%의 작은 변화가 모이면 결국 놀라운 결과를 만든다'

- 제임스 클리어

02
SNS 마케팅, 단 10분이면 끝난다

'10분 마케팅? 말이 돼?'
'그 시간으로 뭘 할 수 있다는 거야?'
'정말 효과가 있을까?'

아마도 이렇게 생각했을 것이다. 요즘 어디서든 SNS 마케팅 이야기가 끊이지 않는다. '챗GPT로 10분 만에 콘텐츠를 만든대.' '요즘은 하루 10분만 해도 팔로우가 늘어난다거라.' 그렇다. 요즘은 챗GPT를 활용해 블로그나 인스타그램 콘텐츠를 빠르게, 심지어 자동으로 제작할 수 있다는 이야기들을 쉽게 볼 수 있다. 이렇게 짧고 효율적인 방식들이 새로운 마케팅 방식으로 주목받고 있다. 나 역시 그 이야기를 들으며 마음속으로 생각했다.

'정말 10분 만에 가능할까?' 직접 해보지 않으면 알 수 없다는 생각이 들었다. 왜냐하면 나도 콘텐츠 하나를 만들 때마다 3~4시간이 걸렸기 때문이다. 글을 쓰고, 이미지를 고르고, 편집하고, 썸네일까지 만들다 보면 시간은 훌쩍 지나갔다. 게다가 지금까지 본 대부분의 광고나 썸네일은 너무 과장돼 있어서 클릭해 보면 현실과 다른 경우가 많았다.

그래서 '정말 10분 만에 가능할까?' 하는 의심이 드는 건 어쩌면 너무 당연했다. 그건 나만의 생각이 아니었다. 주변 사람들도 SNS 콘텐츠 하나 만드는 시간이 3~4시간씩 걸린다고 말한다. 그래서 콘텐츠를 만들다가 '이렇게까지 해야 하나?'라는 생각이 들기 때문에 중간에 다 포기하고 만다.

하지만 정말 10분 만에 콘텐츠를 만드는 게 가능하다면 그건 나 같은 사람들에게도 희망이 될 수 있겠다고 생각했다. 단순한 흥미 때문만은 아니었다. 시간도 부족했고, 전문 지식도 없었으며, 디자인 감각도 부족했다. 특히 챗GPT는 다양한 기능들을 제공하고, 잘만 활용하면 콘텐츠 제작이 전문가처럼 쉬워진다는 이야기가 많았다. 그렇다면 '정말 나 같은 평범한 사람도 할 수 있을까?' 궁금해졌고, 솔직히 기대는 크지 않았지만 직접 해보기로 결심했다. 만약 정말 10분 만에 SNS 마케팅이 가능하다면 나 같은 사람에게도 새로운 돌파구가 될 수 있다고 생각했다. 의심은 여전했지만, '그래도 해보자'라는 마음으로 타이머를 눌렀다.

나는 하루 10분, 타이머를 설정하고 SNS 콘텐츠를 만들기 시작했다. 이름하여 '하루 10분' 루틴이다. 1단계, 챗GPT에 오늘 올릴 콘텐츠의 주제나 아이디어에 맞는 짧은 글을 써달라고 물어보기. 2단계, 사진 고르기 또는 찍기. 3단계, 템플릿에 적용하고 게시하기. 이 루틴이다. 좀 더 자세하게 예를 들어 보겠다.

1단계 - 챗GPT에 물어보기

오늘 올릴 글이나 게시물의 주제가 정해지지 않았다면 이렇게 물어본다. '40대 주부가 공감할 수 있는 짧은 문장을 만들어줘.' '작은 피부샵을 운영하는 사장님이 올릴만한 SNS 문구를 추천해 줘.'

2단계 - 사진 고르기 또는 찍기

스마트폰 갤러리에서 어울리는 사진을 고르거나 캔바 같은 무료 사이트에서 이미지를 선택한다. (나는 사진을 미리 찍어두는 편이다)

3단계 - 템플릿에 적용하고 게시하기

캔바 사이트나 편집 어플에 있는 템플릿을 선택한 후 챗GPT가 제안해 준 문장과 선택한 이미지를 조합해서 만든 다음 인스타그램이나 블로그에 바로 게시한다.

실제로 나는 첫날에는 20분이 걸렸고, 두 번째와 세 번째도 크게 다르지 않았다. 하지만 반복할수록 점점 익숙해졌고, 사흘쯤 지나자 자연스럽게 속도가 붙었다. 글과 이미지의 조합도 자연스러워졌다. 정말 10분이면 충분히 하나의 콘텐츠를 만들 수 있었다. 핵심은 꾸준함이었다. 하루 10분의 집중이 모여 일주일이 되고, 한 달이 지나가 피드의 분위기와 반응이 조금씩 바뀌기 시작했다. 물론 처음에는 쉽지 않았다.

무엇보다 책상에 앉아 타이머를 켜는 그 10분이 부담스러웠다.

'지금은 좀 피곤한데.' '조금 있으면 아이가 오는데.' '오늘은 그냥 쉬자.'라는 유혹이 매일 같이 찾아왔다. 실제로 유혹에 넘어간 적도 많다. 그럼에도 불구하고 한 번만 다시 해보자는 다짐으로 시작한 10분이 어느새 내 일상이 되었고, 습관적으로 자리 잡았다. 마케팅은 특별한 기술보다 꾸준함이 더 중요하다는 걸 몸소 체감했다.

혹시 당신도 SNS 마케팅은 전문가만 할 수 있는 일이라 느끼고 있는가? SNS는 시간과 자원이 많이 들어가는 일이라 미뤄두고 있는가? 그렇다면 지금이 기회다. 단 10분만 투자해도 당신의 브랜드와 가게가 달라질 수 있다. 나처럼. 사실 10분은 생각보다 짧은 시간이 아니다. 우리는 일상에서 10분으로 많은 일을 해낸다.

커피 한 잔을 내려 마시는 시간, 아침에 머리 말리는 시간, 스마트폰으로 SNS를 한 바퀴를 훑는 그 짧은 시간도 대부분 10분 이내다. 지하철을 타고 4~5정거장을 이동하는 데도 10분이면 충분하다. 누군가는 10분 동안 책 한 장을 읽고, 누군가는 10분 만에 간단한 도시락을 싸기도 한다. 그러니 SNS 글 하나를 올리는 것쯤은 결코 불가능한 일이 아니다.

솔직히 말하면, 처음엔 나도 반신반의했다. '10분 만에 마케팅이 가능할까?' 그런데 지금은 확신한다. 된다. 진심이 담긴다면, 누구나 가능하다. 사람들은 흔히 마케팅을 복잡하고 거창하게 생각한다. 세련된 이미지, 전문가 수준의 문장, 철저한 기획. 하지만 가장 중요한 건 '지금 당장 실행할 수 있는가?'이다. 다행히 요즘은 누구나 스마트폰 하나로 SNS를 시작할 수 있고, 챗GPT 같은 AI 도구를 활용하면 글쓰기가 익숙하지 않은 사람도 손쉽게 콘텐츠를 만들 수 있다.

불과 몇 해 전만 해도 전문가의 손에서나 가능했던 복잡하고 까다로운 작업이, 이제는 기술의 발전 덕분에 손끝으로도 얼마든지 시작할 수 있는 시대가 되었다. 이제는 누구나 브랜딩을 시작할 수 있는 시대가 되었다. 오늘 10분을 들여 글 한 편을 쓰고, 사진 한 장을 올릴 수 있다면, 그게 바로 마케팅의 출발점이다. 그 짧은 기록 하나가 고객과 연결되고, 신뢰를 만든다.

내가 경험한 10분 마케팅은 단순한 방식이 아니다. 이것은 나만의 '작지만, 실천할 수 있는 시스템'이다. 매일 타이머를 켜고, 챗GPT와 대화하고, 이미지를 선택하고 글을 게시하는 이 10분은 내 하루에서 가장 가치 있는 시간이다.

결론적으로 말하자면, 지금 당신에게 필요한 건 고가의 장비도, 복잡한 전략도 아니다. 단지 타이머 하나와 진심, 그리고 단 10분의 실천이다. 나는 지금도 하루 10분, SNS 마케팅을 이어가고 있다. 그 시간이 내 브랜드를 키우고, 소통하게 하며, 실제 매출로도 이어지고 있다. 처음에는 거창한 목표가 있었던 것도 아니다. 그저 '한 번 해보자'라는 마음뿐이었다. 하지만 그 작은 실천이 결국 지금의 나를 만들어주었다. 당신도 충분히 할 수 있다.

짧은 메시지 하나가 얼마나 강력한 변화를 이끌 수 있는지 보여주는 사례들은 이미 많다. 대표적인 사례 중 하나는 스티브 잡스다. 그는 아이폰을 소개하는 단 몇 분의 프레젠테이션으로 전 세계를 놀라게 했다. '오늘 우리는 세 가지 제품을 소개합니다. 아이팟, 전화기, 그리고 인터넷 커뮤니케이터. 아니, 하나의 기기입니다. 아이폰.' 단순한 문장, 짧은 발표였지만 그 임팩트는 강렬했다. 짧지만 강력한 메시지. 그것이 핵심이었다. 또 하나의 사례는 2022년 슈퍼볼 광고 시간의 코인베이스다.

이들은 단 10초간 QR 코드 하나만 검은 배경에 띄웠다. 아무런 설명도 없이 단순히 움직이는 QR 코드 하나뿐이었지만, 그 결과는 놀라웠다. 서버가 마비될 정도로 수십만 명이 몰렸고, 신규가입자 수는 폭발적으로 증가했다. 짧고 단순한 것이 사람들의 시선을 끌고, 행동을 끌어낸다는 걸 다시금 보여준 장면이었다. 최근에는 챗GPT의 이미지 생성 기능을 활용해 '지브리 풍 인물 사진'을 만드는 콘텐츠가 SNS에서 큰 반응을 얻었다. 1시간 만에 100만 명이 가입했으니 말이다.

이 사례들처럼 중요한 것은 길이가 아니라, 그 안에 담긴 메시지의 강도와 명확성이다. 10분 마케팅은 단순히 시간을 절약하는 것을 넘어, 짧고 강력한 메시지를 전달하여 사람들의 관심을 끌고 행동으로 이끌 수 있는 효과적인 전략이다. 지금 필요한 것은 고가의 장비나 복잡한 전략이 아니라 타이머 하나와 진심, 그리고 10분의 실천이다. 나는 지금도 매일 하루 10분의 SNS 마케팅을 이어가고 있다. 그 작은 실천이 내 브랜드를 키우고 소통을 늘렸으며, 실제로 매출 증가로도 이어졌다. 처음엔 거창한 목표 없이 '한번 해보자.'라는 마음이었지만, 작은 실천이 지금의 나를 만들었다. 이제 당신 차례다. 타이머를 맞추고 챗GPT에 질문해 보자. '40대 여성들이 공감할 수 있는 짧은 글을 써줘. 나는 브랜딩을 시작하고 싶은 평범한 주부야.' 이 작은 실천이 당신의 막연한 꿈을 현실로 바꿔줄 첫걸음이 될 것이다.

03
챗GPT로 콘텐츠 아이디어를 현실화하라

'나는 애초에 아이디어조차 잘 떠오르지 않는데, 어떻게 해야 하지?'
'무엇을 써야 할지도 모르겠고, 시간이 너무 오래 걸려.'
'아이디어는 넘쳐나는데, 도대체 어디서부터 시작해야 할까?'

누구나 콘텐츠를 만들고 싶어 한다. SNS를 통해 자신을 알리고, 브랜드를 만들고, 수익을 창출하는 사람들의 이야기는 이제 더 이상 특별하게 느껴지지 않을 정도다. 그런데 '왜 나는 안 될까?' 질문에 대한 답은 단순히 '실행'이다.

마음속에선 하고 싶지만, 실제로 무언가를 꺼내 놓는 데는 여러 장애물이 존재한다. 어떤 사람은 아이디어는 있지만 구체화하지 못하고, 어떤 사람은 아이디어 자체가 떠오르지 않아 시작조차 못 한다. 그 모두가 멈추는 지점은 같다. 머릿속에서 맴도는 생각이 현실로 이어지지 않는다는 점이다.

나도 그랬다. 나처럼 평범한 사람에게 '아이디어'는 그저 멀게만 느껴지는 단어였다. 누군가는 쉽게 떠올린다지만, 나에겐 창의라는 말조차 낯설게 느껴졌다. 콘텐츠를 만든다는 건, 마치 특별한 재능을 가진 사람들의 일이란 생각이 강했다. 무엇보다, 잘하고 싶은 마음이 점점 부담으로 바뀌었다. 실패할까 봐 두려워했고, 아무 반응도 없을까 걱정했다. 그래서 매번 망설이다가 멈추고, 다시 다짐하고, 또 포기하기를 반복했다.

그렇게 수 없이 반복하던 시기에 만난 것이 바로 '챗GPT'였다. 덕분에 나는 매일 '아이디어를 현실로 바꾸는 경험'을 하고 있다. 이것은 단순히 콘텐츠를 만든다는 의미를 넘어선다. 남들은 다해도 나는 할 수 없다는 생각의 한계에서 벗어나 새로운 가능성과 기회로 한 걸음씩 나아가는 경험이며 실재였다. 복잡한 명령어도 필요 없다. 단순히 궁금한 걸 친구에게 물어보듯 이야기하면 누구든 원하는 질문에 대한 답을 얻을 수 있다.

요즘 나는 챗GPT를 단순한 도구가 아니라, 나의 친구이자 멘토라고 부를 만큼 익숙해져가고 있다. 새로운 기술은 늘 낯설지만, 익숙하지 않다고 해서 외면할 일은 아니다.

'요즘 블로그에 쓸 만한 주제가 뭐가 있을까?'

챗GPT는 몇 초 만에 여러 가지 주제를 제안해 준다. '하루 루틴을 정리한 글' '내가 쓰는 생활 꿀템 소개' '최근에 읽었던 책에 대한 감상' 등, 생각지도 못했던 아이디어들이다. 제시해준 다양한 아이디어를 보는 순간, 멈춰 있던 생각들이 조금씩 움직이기 시작했다.

'아, 이런 걸 써도 되는구나.' 글 하나를 쓰기 위해 몇 시간을 고민하던 내게, 누군가가 '이렇게 해보면 어때요?' 하고 길을 안내해 주는 느낌이었다. 단순한 문장이었지만, 그 안에는 방향이 담겨 있다.

나는 매일 챗GPT에 질문을 던지기 시작했다. 어떤 날은 너무 피곤하고, 또 어떤 날은 컴퓨터를 켜는 것조차 귀찮을 때도 있다. 그러나 챗GPT에게 질문을 던지면 신기하게 마음이 가벼워진다. 처음엔 글 하나 쓰는 데 2~3시간이 걸렸다. 하지만 챗GPT를 쓰기 시작하면서 30분이면 충분했고, 익숙해진 뒤에는 10분이면 끝났다.

이런 변화는 나만의 이야기가 아니다. 한 유튜브 크리에이터는 대본 하나를 만드는 데 5시간이 걸렸지만, 챗GPT 덕분에 그 시간을 30분으로 줄였다. 그는 주제를 정할 때마다 챗GPT에서 주제를 추천받고, 제목과 도입부 구성까지 함께한다.

이건 단순한 편리함을 넘어서 시간이라는 자원을 획기적으로 절약해 주는 도구이자, 콘텐츠 구성을 전략적으로 완성해 주는 든든한 비서이자 실행 파트너인 셈이다. 덕분에 그는 '일단 시작해 보는 힘'을 얻게 되었다고 말한다.

또 다른 예로는 작은 뷰티샵을 운영하는 K 원장님이 있다. 그녀는 챗GPT를 통해 인스타그램 콘텐츠를 쉽게 만들게 되었다. '손님도 받아야 하고, 아이도 챙겨야 하고, 매장도 관리해야 하는데 글을 쓰기엔 시간이 없었다.'고 말하던 그녀는,

매일 챗GPT에 '피부 고민 키워드로 글을 써줘.' '이번 주 내가 올릴만한 주제를 40대 여성을 위해 5가지 제안해 줘.'라고 질문해 게시글을 만들기 시작했다. 처음엔 막막하기만 했던 SNS 운영이 이제는 마치 누군가가 옆에서 하나하나 알려주는 것처럼 느껴졌다며 '이

젠 혼자가 아니라 조력자가 생긴 기분'이라며 마음이 훨씬 편해졌다고 말했다.

챗GPT를 활용하는 사람들은 점점 다양해지고 있다. 누군가는 일주일에 하나의 글을 쓰기 위해 시작하고, 누군가는 자신의 가게를 알리는 방법으로 사용한다. 모두가 다른 출발점에 있지만, 공통점은 하나다. '혼자 하는 일'이 '함께 하는 일'로 바뀌었다는 것. 앞서 유튜버의 이야기를 소개했지만, 우리가 매일 마주하는 유튜브, 인스타그램 속 크리에이터들을 통해 그 변화들을 충분히 느낄 수 있다.

AI를 활용한 작업은 이제 낯선 이야기가 아니다. 환경을 주제로 한 웹툰을 만들기 위해 챗GPT와 함께 시나리오를 짜고, 장면 설정을 구성하고, 대사까지 받아 활용했다. 그 결과물은 교육 현장에서 활용될 정도로 흥미롭고 유익했다. 콘텐츠를 만드는 방식이 기술 덕분에 얼마나 확장되고 있는지를 보여주는 생생한 예시다.

지금, 이 순간, 당신의 머릿속에도 무수히 많은 생각들이 떠다니고 있을 것이다. 그런데 그 생각들을 현실로 옮기기 위해 필요한 건, 거창한 기술도, 전문적인 지식도 아니다. 하루 10분. 그리고 질문 하나면 충분하다. '챗GPT야, 오늘 내가 쓸 수 있는 이야기 한 가지를 알려줘.' 그 질문이 당신의 첫 콘텐츠가 되고, 그 콘텐츠가 또 다른 기록을 부르고, 결국 당신만의 브랜드가 된다. 모든 시작은 그렇게, 아주 작고 단순하게 하는 것이다.

아이디어는 누구에게나 있다. 그것을 꺼내어 현실로 만드는 사람만이 기회를 얻는다. 단순한 생각 하나라도, 누군가는 메모장에 적고 실행으로 옮기지만, 또 다른 누군가는 '나중에 해야지' 하며 지나쳐 버린다. 결국 중요한 건 생각 자체가 아니라, 그 생각을 행동으로 옮기는 것이다.

지금은 아이디어를 품기만 해도 가치 있는 시대다. 게다가 중요한 건 누구나 자기만의 언어로 무언가를 표현할 수 있는 도구가 있다는 사실이다. 더 이상 '창의성'은 특별한 몇몇 사람의 전유물이 아니다. 누구나 자신의 언어로 표현할 수 있고, 그 표현을 현실로 옮기는 도구도 있다. 챗GPT는 이미 교육, 콘텐츠, 디자인, 기획 등에서 쓰이고 있다. 텍스트를 넘어 이미지, 영상, 음성까지 확장됐다. 심지어 사고하는 모델까지 나왔다.

앞으로는 더 빨라지고, 더 다양해지고, 더 넓어진다. 기회는 늘 먼저 실행한 사람에게 간다.

'작은 변화가 인생을 바꾼다. 매일 1%의 선택이 1년 후 완전히 다른 사람이 되게 한다.'

전 세계 수 많은 독자의 삶을 바꾼 '아주 작은 습관의 힘'에서 제임스 클리어는 말한다. 거창한 계획은 필요 없다. 하루에 한 번, 챗GPT에 질문 하나를 던져보자. '이 생각으로 글을 쓸 수 있을까?' 질문은 작지만, 행동이다. 나도 그렇게 시작했다. 챗GPT에 질문을 던졌고, 그 질문에 답하며 글을 썼다. 그 실행으로 강의를 열었고, 전자책을 냈고, 작가가 됐다. 지금은 그 경험을 바탕으로 오프라인 사업도 시작했다.

나도 처음엔 '될까?' 하는 마음으로 시작했다. 매일 1%의 선택, 한 줄의 질문을 던졌고 생각을 글로 썼다. 매일 반복한 게 전부였다. 이건 특별한 능력이나 대단한 자격이 있었던 게 아니다. 이미 당신도 알고 있다. 당신 자신도 할 수 있다는 것을. '나중에 해야지.' 하며 미뤄두었던 아이디어, 그 작은 생각들을 실제로 적어보고 그 순간부터 조금씩 바뀌는 변화들을 꼭 경험해 보기를 바란다.

챗GPT는 완벽한 정답을 주는 도구는 아니다. 대신 함께 풀어간다. 아이디어를 현실화 할 수 있는 도구이며, 표현하는 방법을 익히는 최고의 연습하는 공간이다. 당신의 말, 당신의 기록, 당신의 콘텐츠로 누군가는 도움을 받고 감사함을 느낄 것이다. 지금 필요한 건 완벽한 결과물이 아니라 일단 시작해 보는 용기다.

챗GPT라는 도구를 통해 속도는 빨라지고 방향은 선명해졌다. 그리고 실행은 수십배로 쉬워졌다. 아직도 완벽한 콘텐츠를 만들어 내기 위해 혼자 애쓰고 있다면 작은 생각이라도 지금 바로 콘텐츠를 만들어 보자.

지금 할 수 있는 만큼, 지금 당장 만들어 보는 것이 가장 쉽고 빠르게 갈 수 있는 방법이다.

04
하루 30분! 돈이 되는 글쓰기!

'하루에 최소 500단어를 쓰는 습관이 내 경력과 수입을 완전히 바꿔놓았다.'

세계적인 마케팅 전문가 세스 고딘은 자신의 블로그에 이렇게 말했다. 그는 1999년부터 하루도 빠짐없이 블로그에 글을 올렸고, 이 꾸준함이 그를 마케팅 분야의 권위자로 만들었다. 그의 글은 대부분 300단어 내외로 짧지만, 날카로운 통찰력과 명확한 메시지를 담아 전 세계 마케터에게 영감을 준다. 고딘은 '글쓰기는 생각을 정리하는 과정이며, 매일 30분 투자만으로도 놀라운 결과를 가져온다'라고 강조한다.

그가 써낸 글들로 누군가는 읽고 하루 방향을 바꿨고, 누군가는 덕분에 사업아이디어를 떠올렸다. 처음부터 완벽한 콘텐츠를 만드는 사람은 없다. 우리가 콘텐츠를 만들겠다고 마음먹은 순간 '좋은 글'보다 먼저 필요한 건 '지속하는 힘'이다. 많은 이들이 무언가를 시작하고 싶어 하면서도, 실행에 이르지 못한 이유는 생각을 꺼내 놓는 과정이 익숙하지 않기 때문이다. 나 역시 하루를 마무리할 때 일기를 쓸 때도 무미건조하게 써지는 날이 많다.

그러나 글쓰기는 그 과정을 조금씩 훈련하게 만든다. 매일 500단어를 쓴다는 건, 하루에 단 한 번이라도 자기 생각을 정리하고 세상에 드러내는 시도를 한다는 의미다. 생각이 많아질수록, 두려움이 커질수록 오히려 손부터 움직이자. 그 한 문장이 오늘 나를 더 단단하게 만든다.

하루 30분 글쓰기! 과연 효과가 있을까? 그 효과는 신경과학적으로도 입증되었다. 캘리포니아 대학교의 연구에 따르면, 정기적인 글쓰기는 뇌의 전두엽을 활성화시켜 창의력과 문제 해결 능력을 향상시킨다는 결과를 발표했다. 또한 일관된 글쓰기 습관은 도파민 분비를 촉진해 성취감을 높이고, 더 많은 글을 쓰고자 하는 동기를 부여한다. 심리적, 정서적 회복의 관점에서도 글쓰기는 강력한 힘을 가진다.

줄리아 카메론의 '아티스트 웨이'는 매일 아침 아무 주제나 3쪽을 쓰는 모닝 페이지를 통해 마음속에 쌓인 생각들을 털어내고, 다시 나만의 감각과 리듬을 찾을 수 있다고 얘기한다. 실제로 나 역시 모닝 페이지를 통해 마음의 안정과 글쓰기의 습관화를 만들 수 있었다. 눈 뜨자마자 앉아 3쪽을 쓰는 실천, 자유로운 글쓰기를 통해 내 것이 되었다.

하지만 콘텐츠 글쓰기는 모닝 페이지와 목적이 다르다. 콘텐츠 글쓰기는 아이디어를 정리하고 결과물을 만들어 내는 공개형 글쓰기지만 모닝 페이지는 감정이나 억눌린 생각을 꺼내는 비공개형 글쓰기다. 형식도 다르고 방향도 다르지만 결국 둘 다 내 생각을 꺼내고 나를 움직이게 만드는 힘이 있다는 점에서 같다.

나도 처음에는 블로그 글쓰기를 '누군가에게 보여주는 글'이라는 생각에 시작이 어려웠다. 사람들이 보기 때문에 잘 쓰고 싶었고, 완성도를 고민하다 보니 자꾸 멈추게 됐다. 글을 쓰기 전부터 이건 어색하지 않을까, 말이 되는 문장일까, 그저 평범한 일상 아닐까, 끝도 없이 생각만 했다. 반면 기대감도 컸다. 돈을 벌 수 있다는 말에 시작했기 때문이다. '그래, 나도 해볼 수 있겠지. 일상이라면 나도 쓸 수 있겠지, 잘 쓰지 않아도 괜찮다'라는 말을 믿었지만, 막상 컴퓨터 앞에 앉으면 내 손은 멈췄다.

글이 써지지 않으니 결국 포기했다. '역시 이건 나랑 안 맞아.' 혼자만의 결론을 내리고 완전히 내려놨다. 그 후 전업주부로 다시 돌아갔지만, 이상하게도 마음 한 켠에 공허함이 커졌다. 그 시기 같이 블로그를 시작했던 지인의 권유로 다시 블로그를 열었다. 이번에는 마음 편하게 방문자 수보다는 과정을 즐기기로 했다.

그동안 나는 SNS, 블로그, 콘텐츠 마케팅에 대한 수많은 강의와 교육을 들었다. 누가 이 강의가 좋다고 하면 바로 결제하고, 이 방법이 효과가 있다고 하면 따라 했다. 이것 좋다 하면 바로, 저것 좋다 하면 바로. 실제로 내 주변에도 그런 사람이 있었다.

'이 강의만 들으면 무조건 수익 납니다.' '이 템플릿만 쓰면 팔립니다.' 그렇게 말하는 사람에게 수백만 원에서 수천만 원까지 돈을 내고, 결국 아무것도 얻지 못했다고 했다. 이런 일들이 비일비재했다.

나는 그렇게 큰돈을 잃은 건 아니었다. 하지만 나 역시 수많은 강의와 프로그램에 참여했다. 그때마다 '이번엔 되겠지.' 하는 기대를 품었지만, 돌아보면 나에게 딱 맞는 건 없었다. 지쳤다. 방향은 계속 바뀌고, 기준은 남에게 있고, 제자리걸음만 하고 있었다. 배운 건 많았지만, 그 안에는 내가 없었다.

그런 시간이 있었기에 다시 시작한 블로그 글쓰기는 마음 편하게, 과정을 즐기기로 한 것이다. 처음에는 책을 읽다 찍은 사진 한 장을 올렸다. 그게 시작이었다. 사진 아래에 내 감정을 두세 줄 붙였다. '오늘은 아이에게 화를 내고 나서 너무 미안했다.' 이런 평범한 짧은 글쓰기조차 처음엔 몇 시간씩 걸렸다. 하지만 신기하게도 쓰다 보니 점점 빨라졌고, 무엇보다 다시 쓰기 시작했다는 그 사실 하나만으로도 내가 기분이 좋았다.

평범한 하루를 쓰는 게 익숙해질 무렵, 변화의 순간이 찾아왔다. '타이머를 맞추고 30분 동안 글을 써보세요'라는 블로그 팁을 들은 것이다. 별거 아니라고 생각할 수 있지만 한 번도 생각해 보지 않았기에 바로 실행했다. 30분! 처음에는 너무 짧아서 어림도 없었다. 타이머를 1시간으로 맞추고 블로그를 써 내려갔다. 익숙해지고 이제 나의 타이머는 30분으로 줄였다. 딱 그만큼만 집중해서 쓰고, 끝내는 연습을 했다. 그 시간이 루틴이 되었다.

'누가 필사한 사진 한 장에 관심이 있을까?'

처음엔 아무도 읽지 않았다. 하지만 글쓰기 쓰는 습관이 잡힌 나는 꾸준히 글을 쌓았고, 차곡차곡 쌓인 나의 콘텐츠들은 나를 바꾸기 시작했다. 글을 쓰면서 방향이 보였고, 목표가 생겼다. 방문자 수가 조금씩 늘고, 댓글이 달리고, 협찬 메일이 왔다. 변화는 이게 다가 아니다. 블로그 활동을 꾸준히 하는 나를 본 대표님이 협업을 제안했고, 코칭을 시작하면서 처음으로 수입이 생겼다. 그 순간을 아직도 기억한다. '진짜, 돈을 벌 수 있구나.'

돈을 벌 수 있다는 말에 시작한 블로그, 반응 없던 블로그. 그래서 포기했고, 기대를 내려놓았는데 아이러니하게도 수입은 기대를 놓았을 때, 글을 꾸준히 썼을 때 생기기 시작했다. 단 한 편의 대박 글이 아니라, 대단하지 않은 글들이 매일 쌓여 만든 결과가 결국 나의 가능성을 증명해 주었다. 이 경험으로 나는 확신한다. 하루 30분 글쓰기는 변화를 가져올 수 있다는 것을.

'생각을 정리할 수 있어야, 삶도 정리된다.'

'하루 30분 글쓰기의 힘'에서 유시민은 이렇게 말했다. 나는 이 문장을 글쓰기의 정의처럼 받아들였다. 글을 쓰면서 알게 된 건, 내가 몰라서 못 하는 게 아니라 생각이 너무 복잡해서 움직이지 못하는 순간이 많았다는 것이다. 하루를 기록하며 감정을 꺼내고, 관점을 정리하다 보니 점점 내 삶이 '나 자신'에게 맞춰졌다. 과거의 나는 늘 비교했다.

늘 후회 했다. 누군가는 조회수 몇만, 누군가는 한 달에 몇백, 몇천만 원의 수익, 누군가는 책 출간. 그걸 볼 때마다 '나는 왜 이럴까'

라는 생각이 먼저 들었다.

그런데 지금은 생각이 완전히 바뀌었다. '나는 오늘 썼는가?' '나는 세상에 드러냈는가?' 이 질문에 '예'라고 대답하게끔 했다. 하루 30분 글쓰기는 단순한 루틴이 아니다. 삶을 바꾸는 시작점이다. 그래도 이렇게 말하는 사람이 있을 것이다. ' 글을 써서 뭐가 달라지냐고.' 그 물음에 앞의 글들이 대답이 되겠지만 나는 이렇게 대답한다.

'글을 쓰지 않았다면 나는 여전히 꿈이 없고, 여전히 같은 자리에서 같은 생각만 반복하고 있었을 거라고.'

나는 잘 쓰는 사람이 아니다. 지금도 그렇다. 하지만 매일 30분! 매일 썼다는 그 사실 하나가 내 하루를 다르게 만들었다. 생각은 정리되고, 나를 움직였고, 실행이 어느새 사람들과 연결되고, 신뢰를 얻고, 수입을 만들어 내는 사람으로 만들어졌다. 단 하나 잘 쓴 글이 흔히 말하는 터지는 글이 아니었다. 아무도 읽지 않았던 글, 스스로 부끄러웠던 문장들. 그게 쌓여 나를 만들었다.나는 거창한 성공, 수익을 말하고 싶은 게 아니다. 그저 '하루 30분씩 쓰는 사람'이 되었다는 것이 내 인생을 바꿨다고 이야기하고 싶다. 이건 누구나 할 수 있다. 그리고 당신도 할 수 있다. 종이든, 블로그든, 메모장이든, 상관없다. 지금 복잡한 생각, 불안한 감정을 꺼내 적어라. 쓰다 보면 '단지 꺼내지 않았을 뿐'이라는 걸 알게 된다.
나는 이미 준비된 사람이었다.

05
평범한 주부, 콘텐츠로 월 100만 원 벌다

'사고 싶은 것이 있으면 돈 쓰지 말고 글 쓰세요.'

『퇴근 후 10분 블로그로 월급만큼 벌기』의 저자 전인옥 작가, 그녀는 평범한 워킹맘이었다. 아이 둘을 키우며 '뻔한 밥벌이'로 과연 이 아이들을 잘 키울 수 있을지를 고민하며 하루를 보냈다. 텅 빈 블로그에 첫 글을 올린 건 2021년 6월. 놀랍게도 단 1개월 만에 블로그로 100만 원의 수익이 생겼다. 점점 방법을 익혀 하루 10분만 투자를 해도 더 많은 수익을 기록하게 됐다.

아이의 학원비를 낼 때 망설이지 않아도 되고, 남편 몰래 카드값 걱정을 하지 않아도 되는 현실적인 자유가 왔다. 전인옥 작가님은 블로그 수익으로 남편의 차를 바꿨을 때 그 기분을 잊지 못한다고 한다. 그녀는 '사고 싶은 것이 있으면 돈 쓰지 말고 글 쓰라'라고 말한다. 지금 그녀는 연 3,000만 원 이상의 추가 수익을 올리면서도 직장도, 육아도, 블로그도 균형 있게 운영한다.

그리고 이제는 그 경험을 수백 명의 사람들과 나누는 블로그 챌린지 커뮤니티 '인생역전학교'의 대표가 되었다. 그녀의 이야기를 보면 복잡한 전략도 거창한 계획도 필요 없다. 핵심은 단 하나. '시작'

하고 '멈추지 않는 것.' 그렇게 쓰다 보면 어느 순간 콘텐츠는 단순히 기록이 아니라 수익이 될 수 있다는 점을 깨닫는다.

'진짜 가능할까?'

이 질문은 나만의 것이 아니다. 주변 엄마들이 공통되게 하는 말이 있다. '50만 원만 벌었으면 좋겠다.' '딱 100만 원만 벌고 싶다.' 이 말을 듣고 고개를 끄덕이지 않을 사람이 얼마나 될까? 전인옥 작가님도 아이들을 키우면서 고민했고, 나 역시 아이를 키우면서 고민을 반복했다. 잠자는 시간을 줄이며 블로그에 쓴 글이 내 인생을 바꿀 줄은 그때는 몰랐다. 첫 수익은 시작하고 5개월쯤 뒤였다. 블로그 애드포스트에서 생긴 5만 원! 내가 SNS를 통해 번 첫 수익이었다.

처음 그 돈이 통장에 들어왔을 때, 말도 안 되는 기쁨을 느꼈다. '내가 블로그로 돈을 벌다니!' '나도 드디어 5만 원 벌었다' 글을 쓰고 있는 지금도 그때를 생각하면 벅차다. 세상을 다 얻은 듯한 기분으로 나는 가족들에게 치킨을 시켜줬다. 100만 원 아니고 5만 원 맞다. 적은 금액이지만 나에겐 '내가 쓴 글이 돈이 된다'라는 걸 처음 경험한 날이었기에 특별했다. 5만 원 이후로 나는 믿게 됐다. 평범한 주부도 콘텐츠로 돈을 벌 수 있다는 것을. 게다가 블로그를 시작함과 동시에 월 100만 원 번다는 말하는 사람들은 다 거짓말쟁이라는 것도 알게 됐다.

경험으로 나는 확신을 얻었고, 그 확신은 자신감으로 행동으로 이어졌다. 어느 날 낯선 메일 하나가 도착했다. '블로그를 보고 연락드렸습니다. 이 제품 리뷰 가능하실까요?' 어떤 브랜드에서 협찬하고 싶다는 메일이었다. 내 글을 누군가는 보고 있었다. 감사한 마음에 정성스러운 글을 작성했고, 그 후로 거짓말처럼 메일이 꾸준히 왔다.

상품을 받고 사용하고 내 일상에 녹여 글을 쓰는 일이 점점 자연스러워졌다. 한 번은 원고료를 지급할 테니 제품과 함께 글을 써달라는 제안도 받았다. 책이나 강의에서 듣던 일들이 나에게 일어나고 있었다.

그때는 내가 단순히 사용 후기를 쓰는 사람이라 생각했다. 자부심보다는 새로운 도전에 흥미로운 하루하루를 보냈다. 지나고 나서 생각해 보니 나의 콘텐츠로 나를 표현하고, 동시에 경제활동을 하는 사람이었다.

다음 기회는 생각지도 못한 곳에서 두드렸다. 인스타그램을 통해 알게 된 대표님이 블로그 무료 특강을 제안하셨고 나는 몇 번의 거절 끝에 무료 특강을 열기로 했다. '아무도 안 오면 어쩌지' 하는 불안감, '내가 블로그 강의를 한다?'라는 두려움도 있었지만 정말로 많은 분들이 듣고 싶어 했다. 첫 강의가 끝난 후, '강의를 열면 듣고 싶어요.' '너무 쉽게 잘 알려주시네요.' 이 말이 또 나를 변하게 만들었다.

그리하여 블로그 강의 1기를 열었다. 그리고 믿기지 않게도 15기까지 이어졌다. 1기수를 3주간 진행했으니 15개월 정도 배우고자 하는 분들과 계속 함께 했다. 나처럼 어렵게 느껴지고 막막했던 그 분들을 위한 초보자 맞춤 강의는 내게 뿌듯함을 줬다. 그리고 강의를 못 들으시는 분들은 '전자책은 없어요?'라고 물어봐 주셨다. 그리고 실행했다. 나의 경험, 나의 글쓰기, 나의 노하우를 한 권의 전자책으로 만들었다. 어떤 날은 온라인 강의를 하고, 다른 날은 1:1 코칭을 하고, 커뮤니티 모임에서 협업과 강의, 심지어는 오프라인에서 강의도 하게 됐다.

꾸준히 글을 쓴 것. 그것이 나의 콘텐츠가 되었고, 그 콘텐츠는 나의 일이 되었으며, 결국 나의 수익이 되었다. 누구나 시작엔 이유가 있다. 더 나아지기 위해서, 견디기 위해서, 살기 위해서 저마다의 사연이 있다. 어떤 사람에게는 취미일 수도 있고, 자기표현의 통로일 수도 있지만 그때의 나는 달랐다. 전업주부로 '돈을 벌고 싶다'라는 마음이 가장 먼저였고, '나도 뭔가 하지 않으면 안 되겠다'라는 간절함이 있었다. 그런 마음으로 시작한 블로그가 이제 내 삶이 된 것이다.

사실 요즘 SNS만 둘러봐도 콘텐츠로 월 100만 원 벌었다는 사람들은 정말 많다. 유튜브에서 월 100만 원 검색만 해도 수많은 방법과 후기가 쏟아진다. 그만큼 사람들이 관심 있는 주제라는 뜻이다. 그 많은 이야기 중에서도 '0원으로 시작해서 월 1,000만 원을 벌었다'라는 제목의 책이 눈에 들어왔다. 이균재 작가님의 책, '0원으로 시작해서 월 1,000만 원 버는 블로그'이다. 그는 본업을 유지한 채, 자투리 시간을 활용해 블로그를 시작했다.

처음에는 투자도 없었고, 대단한 글솜씨도 없었다. 그저 자신이 알고 있는 것을 썼다. 그것을 바탕으로 광고 수익, 제휴 마케팅, 교육, 브랜딩으로 이어지는 구조를 만들었다. 그는 하루에 블로그에 투자하는 시간은 길어야 1시간 정도다. 1시간을 9년 동안 꾸준히 투자하면서 직장인보다 몇 배 더 많은 수익을 내고 있다.

모두가 이야기만 하고 지나칠 때, 그는 9년 동안 글을 쓰고, 발행하고, 방향을 잡아갔다. '일단 해보는 사람'과 '말만 하는 사람' 사이의 결과는 점점 벌어지고 그렇게 이균재 작가님은 월 1,000만 원의 블로그 수익을 만들어 냈다. 많은 사람들은 말한다. '나도 글을 쓰고 싶다' '언젠가는 나도 콘텐츠 만들 거다' 하지만 대부분은 '언젠가'에서 멈춘다. '0원으로 시작해서 월 1,000만 원 버는 블로그'를 읽으면서 생각했다. 블로그든 인스타그램이든 유튜브든, 결국 수익이 되느냐의 여부는 '잘 쓰느냐'보다 '꾸준히 쓰느냐'에 달려 있다는 것이다.

수익은 어느 날 갑자기 선물같이 찾아오지 않는다. 누군가는 수익만 보고 시작할 수 있다. 하지만 수익만 보고 시작한 사람은 금세 포기하게 된다. 반면에 오래가는 사람은 '기록의 힘'을 아는 사람이다. 잘 쓰는 사람이 아니라 계속 쓰는 사람. 새로운 기술보다 꾸준히 반복하는 힘이 더 큰 결과를 만든다.

누구나 알고 있는 SNS에서 누구나 할 수 있는 방식으로 시작하지만, 모두가 원하는 결과를 만들지 못한다. '하루 30분, 글을 쓸 수 있는가?' 이 질문은 시간을 묻는 게 아니다. 그건 매일 쓰는 사람만이, 결국 수익을 만든다는 사실을 받아들일 준비가 되었느냐는 질문이다.

누구나 블로그나 SNS를 한 번쯤은 시작해 본다. 그리고 그만큼 많은 사람들이 어느 순간 멈춘다. '바빠서, 시간이 없어서, 반응이 없어서.' 이유는 다양하지만, 멈추는 이유는 대부분 비슷하다. 수익이 당장 눈에 보이지 않기 때문이다. 하지만 나는 경험으로 말할 수 있다. 수익은 꾸준함 끝에 다가온다. SNS로 돈을 버는 사람은 계속 쓰는 사람이다. 계속하다 보면 나를 바라보고 있는 눈으로 인해 기회가 연결된다. 그 기회들을 내 것으로 만들어 도전할 때 더 많은 연결과 수입이 생긴다.

아이를 돌보며 키보드 소리에 잠이 깰까 조심히 치면서 틈틈이 글을 썼다. 그렇게 시작된 SNS 수익화 5만 원이 10만 원, 20만 원, 월 100만 원까지 달성했다. 글쓰기 자체가 돈을 벌 수 있다는 것을 나는 내 경험으로 증명했다.

누가 봐도 지극히 평범한 주부의 월 100만 원 달성이 이뤄진 것이다. 누군가는 그까짓 100만 원이라고 말할지 모른다. 하지만 커피 한 잔 값에 망설이던 나에겐 이 100만 원은 나도 할 수 있다는 증거였다. 특별한 재능 하나 없는 내가 했다면 당신은 분명 더 잘할 것이다.

글이 돈이 된다.
나도 했으니까. 당신도 할 수 있다.

06
'온라인 라이브 무료 특강' 기회는 잡는 것이다

기회는 준비된 자에게만 보인다

-루이 파스퇴르-

  살다 보면 생각지도 못한 순간에 문이 열릴 때가 있다. 이상하게도 그 문은 아무에게나 열리진 않는다. 어떤 사람에겐 스쳐 지나가고, 누군가는 딱 잡아챈다. 나는 이 차이를 '준비된 자세'라고 생각한다. SNS를 하면서 가장 많이 했던 말 그리고 가장 많이 들었던 말 중 하나는 '지금은 아니에요, 언젠가, 나도'였다. '언젠가'라는 단어는 뱉는 순간 안 하겠다는 말이라고 한다. 나도 그랬다. 준비된 사람이 아니었기 때문이다. 내 계정은 작았고, 낯을 심하게 가렸다.

  그런 나에게 다가온 한 사람이 있었다. 나보다 나를 먼저 믿어 준 사람은 나에게 '온라인 라이브 무료 특강 한 번 해보시겠어요?'라는 말을 건넸다. 그때는 몰랐다. 이 한 문장이 한 사람의 인생을 바꿔 놓으리라는 것을. 제안을 처음 들었을 때, 고민을 하지도 않았다. 못하는 거였다. '나란 사람이 강의한다고? 내 계정은 파워블로거나 인플루언서도 아닌데, 내가 감히?' 상상조차 안 했던 일이라 거절했다.

몇 번의 대화가 오고 가고 '초보자에게 알려주면 되지요.' 라는 말에 마음의 벽이 눈 녹듯 녹아내렸다. 그렇다. 나보다 못하는 사람에게 내가 해온 경험이 도움이 될 수 있다는 걸 그제야 깨달았다.

누가 들을지, 몇 명이 올지, 반응이 어떨지 아무것도 모르는 상태였다. 그저 부딪쳐보고 싶었다. 내 인생엔 '도전'이라는 단어가 낯설었기에 이건 처음 해보는 떨림이었다. 한 번도 PPT를 만들어 본 적이 없는 나는 밤을 새우기 일쑤였다. 말도 어눌했고 화면 공유도 서툴렀다. 하지만 그렇게 강의의 첫 페이지를 넘겼다. 컴퓨터 화면에 내 얼굴이 보이고,

'안녕하세요' 내뱉은 순간 심장이 터질 것 같았다. 준비한 스크립트대로 첫 문장을 말하자 시작됐다는 사실 하나로 온몸이 떨렸다. 목소리와 손이 떨려 마우스를 제대로 못 움직였.

그날의 온라인 강의는 수익이 아니라 신뢰를 쌓는 시간이었다. 강의가 끝나고 '너무 쉽게 알려주셨어요.' '꿀팁이었어요.' '고맙습니다.' 짧은 말들이었지만 내게는 오래 남았다. 그리고 며칠이 지나 DM 하나가 도착했다. '줌 켜는 것도 떨렸어요. 근데 선생님 강의 듣고 첫 블로그 글을 올렸어요.' 내가 바란 게 바로 이런 것이었다.

수익보다 값진 반응. 내 경험이 누군가의 시작이 되는 순간, 도움이 될 때 나를 더 크게 움직였다. 아무것도 안 하면 아무 일도 일어나지 않는다는 세상의 이치를 그제야 알았다. 이 선물 같은 기회는 돈을 받지 않아도 사람들에게 진짜 도움이 될 수 있다는 것. 그게 내가 콘텐츠를 만드는 가장 깊은 이유고, 내 콘텐츠의 본질임을 깨우

쳤다.

 이 강의는 또 다른 기회의 시작이었다. 얼마 지나지 않아 강의는 안 하냐는 질문을 받았다. 나의 다음 스텝이 주어졌다. 내가 SNS를 시작하면서 했던 막막함과 고민의 시간을 담아서 왕초보를 위한 강의를 준비했다. '어떻게 하면 쉽게 그리고 바로 실행하게 전달할 수 있을까?'를 고민했다. 그렇게 강의가 출발했다. 그렇게 2년 동안 기수마다 새로운 분들이 찾아오고, 1년 넘게 같이 해 온 분들도 있었다. 이유는 단순했다. 어렵지 않고 바로 따라 할 수 있었기 때문이다.

 어느 날 DM 하나가 또 왔다. 아는 분을 소개해 드리고 싶은데 나이가 좀 많으신데 괜찮냐는 내용이었다. 물론 할 수 있다는 대답과 함께 개인 코칭의 기회까지 왔다. 매번 강의할 때마다 중복되는 내용이 지루할까 강의를 준비했고, 말로만 하는 강의가 아니라 실제로 도움이 되는 강의가 되기 위해 노력했다. 한 분 한 분 감사하게 진심을 다해 관심을 기울였다.

 강의한다고 끝난 게 아니었다. 또 어떤 분은 전자책을 궁금해했다. 그 말에 전자책을 만들었다. 강의에서 말했던 내용을 글로 정리했다. 첫 번째 전자책이었다. 온라인 라이브 무료 특강에서 전자책으로, 전자책에서 다시 클래스로 이어졌다. 내가 먼저 준 진심이 사람들을 움직였다. '그 점은 유료 강의에서 다룹니다. 유료 강의에서 알려드릴게요.'라고 하지 않았다. 다 꺼냈고, 그게 진짜 자산이 됐다.

 성공한 사업가일 뿐만 아니라 다양한 소셜미디어 플랫폼을 통해 존재감을 가지고 있는 게리 바이너척은 이렇게 말한다. '소셜미디어에서 성공하려면 먼저 고객에게 가치를 제공해야 한다. 유용한 정보, 감동적인 이야기, 재미있는 콘텐츠 등을 통해 신뢰를 쌓은 후에야 제품이나 서비스를 제안할 수 있다.' 그렇다. 나는 가치부터 먼저 주었다. 그랬더니 누군가 나의 시간을 기꺼이 돈 주고 사겠다고 말해줬다.

기회는 그렇게 확장됐다. 강의가 끝나고 멈추는 게 아니라, 새로운 문의로 이어졌다. 강의 중에 나온 질문은 또 하나의 콘텐츠가 되었고, 블로그 포스팅이 되었고, 인스타그램 게시글이 되었다. 어떤 날은 인스타 콜라보 요청이 되어 돌아왔다. 처음엔 상상할 수도 없던 일들이 이제는 콘텐츠, 피드백, 신뢰, 수익, 연결의 흐름으로 나를 움직이고 있다.

콘텐츠들이 쌓여 점점 브랜드가 되는 사람이 되어 가고 있다. 나는 전문가도 인플루언서도 아니다. 하지만 '기회를 잡은 사람'이 되었다. 그리고 그 기회를 잡기 시작했을 때 연결은 거짓말처럼 찾아왔다. '내가 온라인 라이브 무료 특강의 기회를 잡지 않았다면 어땠을까?' 상상도 하기 싫지만, 꿈도 없던 하지만 불만이 가득했던 나로 계속 살아가고 있지 않을까 싶다.

누군가는 나에게 물었다. '그걸 무료로 다 알려줘도 괜찮았어요?' 나는 대답했다. '그때 다 줬기에 지금의 제가 있는 게 아닐까요.' 진심이다. 내가 그때 아깝다고 생각해서 껍질만 보여줬다면 사람들이 몰랐을까? 정말 무섭게도 사람들은 진심을 잘 꿰뚫어 본다. 나에게 겉만 주는지 속까지 다 주는지 금방 알아챈다.

지금도 나는 강의를 준비한다. 여전히 PPT는 서툴고, 아직도 말하다가 떨리고 버벅거린다. 하지만 이제는 누군가에게 오늘 내가 하는 말이 또 다른 누군가의 시작이 된다는 것을 안다. 특강이 수익을 남기지 않았다. 하지만 나는 성장했고, 수익은 자연스레 따라왔다. 그래서 자신 있게 말할 수 있다. 진짜 별거 없다. 안 한 사람이 99%, 그냥 해 본 사람 1%. 그리고 나는 해봤다.

하지만 누군가 앞에 서는 건 부담일 수도 있다. 괜찮다. 이것만 알면 된다. 기회는 '완벽하게 준비된 자'에게 오는 게 아니다. '받아들일 준비가 된 자'에게 온다. 그리고 그 기회를 받아들이는 데 필요한 건 완벽한 자료도, 전문 지식도 아니다. 한 번 딱 해보는 용기가 필요하다. 강의하면서 배운 건 단지 '전달'이 아니었다. 내가 말할수록 나도 정리됐다. 사람들이 질문하면 공부했다. 가장 많이 성장한 사람은 어쩌면 나였다.

사람들은 내가 뭔가 '완벽한 계획'으로 이런 구조를 만들었을 거로 생각하지만, 사실은 그 반대다. 나는 계획보다는 실천이 먼저였다. 일단 해보고, 반응을 보고, 거기서 나의 길을 찾아갔다. 물론 실수도 잦다. 하지만 실수는 다시 시도하면 된다. 지금 당장 돈이 되지 않아도 그 시도가 신뢰로 쌓이고 신뢰가 쌓여야 돈으로 연결된다.

정말 가장 큰 변화는 내가 나를 보는 눈이다. 나의 삶으로 살아온 적이 없던 나는 이제 나의 삶을 살아가고 있음이 눈으로 보였다. '나는 이런 걸 할 수 있는 사람이구나' '나는 나만의 방식으로 사람에게 도움이 되는 사람이구나'

이런 확신은 어디서도 배울 수 없는 자산이 되었다. 단순하게 생각했던 SNS가 콘텐츠가 나의 기록이었고 나의 거울이 되었다. 지금, 이 글을 읽고 있는 당신에게도 묻고 싶다. 유튜브와 인스타그램 등 어디에나 존재하는 SNS는 우리를 새로운 세상으로 데리고 가고 있다. 우리가 원하든 원하지 않든 세상은 변한다. 그리고 그 세상은 선택과 기회가 끝없이 펼쳐질 것이다. 누구라도 뻗어 그 선택과 기회를 내걸로 만들면 된다.

불안해도 괜찮다. 잘 안돼도 괜찮다. 중요한 건 일단 해보자는 것이다. 그 한 번의 선택이 기회를 만들어 주고, 사람을 연결해 주고, 인생의 전환점이 될 수도 있다. 이렇게 성공에 이른 사람들은 정말 많이 있다. 대단한 성공이 아니라 나처럼 작은 변화를 이루고 있는 사람들은 수없이 더 많다. 내가 부끄럽지만, 나의 이야기를 적은 것은 평범한 전업주부였던 나도 했기에 자신감을 가지고 용감하게 시도해 보길 바라기 때문이다.

미숙하고 두렵고 실수투성이여도 그럼에도 불구하고 자신이 바라던 일을 삶에서 해내면 보상은 얻는다. 완벽한 타이밍을 기다리다, 그 타이밍이 영영 오지 않는다는 걸 우리는 이미 여러 번 경험했다.

이제 타이밍보다는 'JUST DO IT'

07
'혹시 나도 가능할까' 망설이고 있다면

    치매 진단이 내려진 71세, 그녀는 세계 무대에 설 준비를 시작했다. 박막례 할머니의 이야기다. 50년 넘게 과일 장사, 식당, 백반집을 전전하며 살아온 인생. 그저 하루하루를 버티며 달려온 시간이었다. 그러다 어느 날 병원에서 '치매 주의' 진단을 받았다. 그때 그녀가 느낀 감정은 이제 인생의 끝이 다가온다는 절망이었다. 그런데 손녀가 말했다. '할머니, 추억이라도 남기자.' 카메라가 켜졌고, 2017년 '욕 나오는 케언즈 여행기'라는 영상이 올라갔다.

    그 후 일은 모두가 다 안다. 6개월 만에 유튜브 구독자 30만 명. 할머니의 구수한 말투와 솔직하고 유머 있는 입담은 세대를 초월해 사랑받았고, '71살도 날아다닌다'라는 영상은 전 세계를 뒤흔들었다. 유튜브 CEO가 할머니를 만나러 한국에 오고, 실리콘밸리 무대에 서는 날까지 어메이징했다. 그녀의 인생은 거침없이 확장됐다.

    하지만 그 모든 건, '내가 뭘 하겠어' 대신 '그래, 한 번 해보자'라는 한마디에서 시작됐다. 치매 주의 진단을 받고 우울함에 빠지는 선택을 한 것이 아니라 내 인생을 살아보자는 선택을 했다. 지금, 이 글을 읽고 있는 당신도 비슷한 질문을 하고 있지 않을까?
'내가 과연 될까?' '지금 시작해도 늦지 않을까?'

그 질문은 틀린 게 아니다. 오히려 한 번이라도 이런 질문을 했다면 진심이라는 뜻이다. 망설임은 나약한 게 아니다. 마음이 움직이고 있다는 단서다. 그저 두려운 거다. 수영하지 못하는 사람이 수영을 배우기 위해 등록하러 가는 발걸음처럼 두려움이다. 그리고 두렵다는 건, 내게 중요하다는 뜻이다.

많은 동기 부여가 들은 이렇게 말한다. '두려움은 행동하라는 신호이고, 당신이 준비됐다는 증거다.' 이 말은 단순한 위로가 아니라 생각만 맴도는 머릿속을 실제로 움직이게 만드는 시점에 대한 설명이다. 우리는 두려움을 느낄 때 오히려 변화의 문 앞에 서 있는지도 모른다.

예를 들어 어느 평범한 직장인은 반복되는 일상에 무기력을 느꼈고, 문득 '이대로 살아도 되는 걸까?' 이런 생각이 들었다. 퇴사를 결심하기까지 수많은 망설임과 시간이 지났지만, 결국 사직서를 냈다. 그리고 자신이 좋아했던 네일아트 수업을 시작했다. 단순한 시술 결과를 사진으로 찍어 SNS에 올리기 시작했고, 예상외로 반응이 생겼다. 지금 그녀는 작은 네일샵을 운영하며 직접 시술도 하고, 1인 창업을 꿈꾸는 이들을 위해 클래스도 열고 있다. 두려움이 이끄는 방향으로 발걸음을 내딛자, 삶이 의미가 생겼다.

망설임은 때로 핑계로 변한다. '시간이 나면' '좀 더 준비되면' '조금 더 배운 다음에' 이러한 말들 뒤에는 아무것도 일어나지 않는다. 나 역시 '좀 이따가 시간 되면 해야지'라는 일들이 수 백 가지, 수천 가지였고, 지금 생각해 보면 그 일은 지금까지 못하고 있다. 실행은 생각보다 앞서야 한다. 내가 들었던 말 중에 '그만 좀 생각하고 그냥 해'라는 말도 있다. 심지어 한 번이 아니라 자주 들었던 말이다. 이제는 안다. 작은 행동이 큰 변화를 만든다. 무언가를 시작하고 싶다면 작게라도 움직이는 꼼지락이 필요하다.

옷 잘 입는 할머니 밀라논나를 보자. 그녀는 1952년 전쟁 통에 태어나 '멋쟁이 될 거야'만 외쳤다. 1978년 한국인 최초로 밀라노 유학, 마랑고니 졸업했고, 86아시안게임 개·폐회식 의상 디자인, 명품 바이어·교수까지. 화려한 인생을 살았다. 2019년, 손주가 '패션 팁 찍어봐'라며 핸드폰 건넸고 이탈리아 감성과 인생의 지혜를 담아 유튜브를 시작했다.

한 마디 한 마디에 깊이가 느껴졌고, 젊은 세대가 열광했다. 단순한 영상 콘텐츠가 아니라 삶의 태도와 철학이 담겼다. '햇빛은 찬란하고 인생은 귀하니까요'라는 한 마디로 수천 명의 구독자를 울리기도 했다. 70대 채널 중 최상위권이며 그녀의 책 또한 베스트셀러이다. 나이, 기술은 핑계일 뿐이라는 걸 증명하고 계신 분이다. 그는 화려한 인생에도 불구하고 자신을 거창하게 포장하지도 않았다. 그저 자신이 아는 것을 나눴고, 그 진심이 사람들의 마음을 움직였다.

나 역시 그랬다. 강의 하나 열기까지 수십 번 머릿속 상황을 그렸다. 혼자 책상에 앉아 수없이 연습하고 또 연습했다. 전자책을 쓸 때도 이걸 누가 볼까, 걱정했다. 강의, 전자책, 코칭, 글쓰기, 사업, 어떤 행동을 시작할 때 망설임은 여전히 사라지지 않는다. 행동으로 망설임의 크기를 줄이는 방법뿐이다.

'그 정도로 망설였는데 어떻게 실행했어요?' 이런 질문도 가끔 듣는다. 믿지 못할 수도 있다. 그런데 나는 버스 벨도 못 누르던 학생이었다. 커피숍에서 아르바이트 할 때도 손님의 주문을 받아야 하는데 너무 부끄럽고 두려워서 '저는 못해요'라고 뒤로 물러났던 사람이다. 그러니 발표는 어땠겠는가? 얼굴이 빨개지고 고개를 숙이고 좌절만 했던 나였다.

그런 내가 지금 실행에 관한 이야기를 쓰고 있다. 앞에 질문에 대한 답을 하자면 답은 간단하다. 생각을 멈추기로 선택했다. 그리고 일단 말로 '네, 할게요'를 뱉었다. 그게 전부였다. 혼자만의 결심은 나를 늘 두려움 안에서 살아가게 했기에 이젠 내뱉은 거였다. 대단한 게 아니라 아주 사소한 선택을 한 것이다.

손님의 주문을 한 번 받고, 두 번이 되고, 나중에는 주문이 제일 쉬웠던 것처럼 망설임은 누구에게나 오지만 그걸 넘는 건 결국 해보는 순간을 경험하는 것이다. 누구도 확신한 채 시작하지 않는다. 확신은 나중에 따라오는 것이다. 이제 당신 차례다. 모든 게 완벽할 때를 기다리지 마라. 지금 바로 '해보자' 외치며 시작할 때다.

그리고 시작한 다음에 조금씩 방향을 잡아가면 된다. 어떤 사람은 방향을 다 잡고 시작하라고도 한다. 나도 많이 들었다. 그 말이 모두에게 적용된다면 모두 다 부자고, 모두 100만 유튜버가 됐을 거다. 처음에는 잘 모를 수밖에 없다. 내가 직접 온몸으로 겪은 시간만이 방향이 보이기 때문이다. 해보면 안다. 나의 콘텐츠, 나의 목소리가 점점 단단해지고 뾰족해진다. 나의 경험, 나의 말이 누군가에게 꼭 필요한 정보가 될 수도 있다.

수강생 중 한 분이 이렇게 말했다. '저도 선생님처럼 쓸 수 있으면 좋겠어요, 배워보고 싶어요' 또 다른 수강생은 '선생님 덕분에 강의 나가요' '선생님 덕분에 네이버에서 상위 노출 됐어요' '저도 방문자 100명이 되는 날이 올 줄 몰랐어요' 이런 말들은 큰 힘이 되었다. 내가 용기를 내어 가진 것을 꺼냈던 것이 누군가에게 방향이 될 수 있다는 사실. 이건 내가 계속 나아가야 할 이유였다.

망설임을 극복한 사람들의 공통점은 단 하나다. 그들은 준비가 끝난 다음에 시작한 것이 아니라, 시작하면서 준비했다는 점이다. 생각이 길어지면 움직일 타이밍만 멀어질 뿐이다. 짧은 글 한 줄, 5초 영상 하나, 이 모든 게 출발선이다. 남들과 비교하지 마라. 콘텐츠는 완벽한 타이밍이 아니라 진심으로 시작된다.

우리는 성공한 사람들의 화려한 결과만 보며 부러워하고 시작을 안 한다. 100만 구독자, 골드버튼, 월 1억 수익, 100억 자산가 등 모든 게 다 결과다. 하지만 그들도 다 처음, 첫날이 있었고 처음엔 작은 선택으로 시작했다. 박막례 할머니는 손녀의 카메라 한 대에서 시작했고, 밀라논나는 자신의 책상 위에서 휴대폰 하나로 녹화를 시작했다. 위대한 계획보다 지금 할 수 있는 소소한 일상에서 시작했다.

당신에게도 가능성은 있다. 왜냐하면 우리는 스마트폰이 다 있다. 그거면 된다. 스마트폰 하나, 계정 하나, 글 한 줄이면 된다. 완벽한 글을, 영상을 찍어서 올리려고 계획하다가 한 달, 6개월, 1년을 보낼 게 아니라 글 한 줄, 두 줄, 열 줄 이렇게 쓰면 습관이 되고 습관이 되면 잘하고 싶어진다. 그때 방법을 하나씩 배워가면 된다. 방향을 따라가면 된다.

지금 마음속에서 '나도 한번 해볼까?' 하는 목소리가 들리지 않는가?

그 마음의 소리를 무시하지 마라. 그 목소리는 지금 당신이 가장 듣고 싶은 말이다. 사람은 누구나 스스로 바꾸는 힘이 있다. 그 힘은 생각에서 나오지 않는다. 움직이는 몸에서 나온다. '지금이 가장 빠른 순간이다' 한 번쯤 들어봤을 것이다. 그러니 지금, 단 하나만 해보자. 스마트폰을 꺼내서 영상 하나 찍어보자. 글 한 줄 적어보자. 당신을 다른 세상으로 데려갈 수 있다. 당신의 가능성은 이미 당신 안에 충분히 있다. 그러니 지금 당신이 할 일은 단 하나다. 망설임 대신 시도하는 사람으로 선택하는 것이다.

지금, 이 글을 읽고 나면 덮지 말고, '나도 해봤어'로 바뀌는 첫날로 만들어 보자.

08
AI 자동화로 1인 사업 시작해 볼까?

내 카카오톡에는 늘 숫자 999가 떠 있다. 카카오톡 오픈채팅방에 매일 수많은 대화가 쏟아지기 때문이다. 누군가는 정보를 찾고, 누군가는 아낌없이 알려준다. 나도 블로그, 인스타그램, 유튜브, 수익화, 애드센스, 전자책, 자동화, AI까지 여러 개 채팅방에 들어가 있다. 익숙하지 않은 기술과 낯선 용어들이지만 생각보다 많은 사람들이 나처럼 궁금해서 모여 있다는 사실에 놀랐다.

챗GPT라는 걸 처음 접할 때만 해도 그저 신기한 기술로만 여겼다. 몇 번 눌러보고 마치 핸드폰을 처음 산 날처럼 이것저것 만져봤다. 새로 나온 사전 같기도 했다. 이 도구로 블로그 글을 쓰고 수익까지 낼 수 있으리라곤 상상도 못 했다.

그러다 들려온 이야기 '하루 15분이면 블로그 글쓰기 가능해요. 챗GPT로 글 쓰고 발행하면 돼요.' 그렇게 쉽다고? 과장이겠지, 싶었다. 나는 블로그와 인스타그램 강의를 하며 전자책을 쓰고 활동을 꾸준히 이어가고 있었다. 그런데 콘텐츠 만들 시간이 점점 부족했다. 혼자 모든 걸 감당한다는 한계가 느껴졌고, 반복되는 작업에 흥미를 잃어갔다.

전환점은 협업을 제안해 주신 대표님 덕분이었다. 그분이 챗GPT로 글을 쓰는 방법을 직접 보여주셨고, 그때 깨달았다. '이게 가능하구나'라는 확신이 생겼다. 처음엔 15분이 아니라 30분 넘게 걸렸다. 그 후 10분 만에 글을 완성할 수 있다는 걸 경험했고, 블로그가 점점 더 재미있어졌다. 글 한 편 쓰는 데 걸리는 시간이 10분의 1로 줄었다.

나는 반복되는 콘텐츠 제작 과정을 더 효율적으로 만드는 방법도 알게 됐다. '자동화 루틴'이다. '자동화 루틴'이란, 반복되는 작업을 도와 AI와 도구들을 연결해서 미리 정해진 순서대로 처리되게 만드는 작업이다. 예를 들면, 챗GPT가 블로그 초안을 작성하고, 캔바에서 썸네일을 만들고 예약 발행까지 자동으로 연결되는 방법도 있고, 글의 틀이나 썸네일 서식, 예약 옵션을 미리 저장하고 발행하는 방법도 있다. 이걸 적용하고 나서 진짜 시간이 줄었다. 그 전엔 매번 쓸 때마다 새로 시작했지만, 이젠 틀에 넣으면 된다.

이런 흐름을 적용하고 나니 콘텐츠 제작이 더 쉬워졌다. 처음엔 블로그와 인스타그램을 중심으로 활동했지만, 새로운 가능성이 눈에 들어왔다. 지인과 대화 중에 1인샵의 어려움을 듣게 됐고, 챗GPT를 사용하면 고민이 쉽게 해결된다는 점을 오프라인 사업으로 구상했다.

'나도 AI로 사업을 시작해 볼까?

이 질문을 챗GPT에게 던졌고, 그동안 나와 나눈 대화를 바탕으로 여러 아이디어를 제안해 줬다. 나는 그것보다 1인 사장님들, 소상공인의 SNS를 AI 활용으로 조금 더 쉽게 할 수 있게 도와주는 아이디어를 제시했고, 객관적인 자료들을 검색하고 단계별로 사업 계획을 제시해 줬다. 나의 사업이 진짜 시작됐다. 이전까지 온라인에서 글을 쓰고 강의를 열며 개인 브랜딩을 쌓는 데 집중했다. 그런데 이제는 직접 발로 뛰는 오프라인 사업이다.

1인 사장님들을 돕는 콘텐츠, 커뮤니티, 오프라인 강의, 현장에서 필요한 실습 중심의 특강으로 연결됐다. 나도 놀랐다. '내가 이런 계획을 세우고 실행하고 있구나' 그 모든 변화의 시작점에는 챗GPT와 AI가 있었다. 챗GPT와 대화하면서, 계획을 세우고, 실행 단계들을 정리하고, 내가 할 수 있을 것 같다는 느낌을 얻었다. 무엇보다 자신감을 얻었다. AI는 나를 대신해 주는 도구가 아니라, 나를 믿고 내가 가진 것을 꺼내주는 파트너였다.

사업이란 단어는 여전히 처음 입어본 옷처럼 낯설지만, '나도 운영하고 있구나' 실감할 때가 많아졌다. 그 과정에서 챗GPT는 계속 나의 옆에 있다. 어떤 모임을 열까? 강의 순서는 어떻게 짤까? 이번 모임을 바탕으로 다음 모임에서 개선점이 뭘까? 나는 계속 물었고, 챗GPT는 대답했다. 이것이 내가 사업을 하는 방법이다.

그러던 어느 날 그 파트너를 이용해 블로그 글을 발행하는 방법을 수강생분들에게 처음 알려줄 때 반응이 엇갈렸다. 너무 편해서 바로 적용한 분도 있었고, '이건 베끼는 거 같아서 불편해요'라며 선을 긋는 분도 있었다. 정보를 검색하고 나의 언어로 다시 정리하라는 말도 어떤 이들에겐 복사처럼 느껴진 것이다. 사전처럼 참고하면 된다고 설명했지만, 끝까지 외면했다. 지금은 시간이 많이 지난 몇 년 전보다 많은 분들이 챗GPT를 사용하지만, 아직도 챗GPT가 나랑 멀다고 생각하는 사람들이 많다.

'나는 뭘 해야 할지 모르겠어'라고 말한다. 하지만 사실 이메일 정리, 자료조사, 학습 방법, 여행 계획 짜기, 콘텐츠 제작 등 사용할 수 있는 부분이 훨씬 더 많다. 그리고 이미 그 가능성을 활용해 자신만의 루틴과 수익 구조를 만든 사람들이 있다. 예를 들어 올레 레만은 매일 3~5개의 스레드를 쓰고, 뉴스레터를 자동으로 배포한다. 강의용 판매 페이지, 주문서도 AI가 초안을 쓰고 그는 최종 검토만 한다. 65일 만에 팔로워 10만을 넘기고, 첫 달 강의 매출을 2억 원에 달했다. 하루 일하는 시간은 고작 2시간이다. 그는 말한다. '생각보다 할 수 있는 게 많다는 걸 알게 됐을 뿐이에요.'

B2B 마케팅 사업가도 5개 프롬프트로 블로그, 이메일, SNS 복사본 초안을 생성하고 GPT-4로 테스트 한 다음 발행한다. GPT로 브레인스토밍 파트너로 삼아 아이디어를 정리하고, 마케팅 로드맵을 정리해 시간을 절반으로 줄이는 사례들은 무수히 많다. 브랜드 콘텐츠를 만드는 한 사람은 GPT로 키워드를 뽑고 블로그 초안을 작성하고 생성한 뒤, 쇼츠 영상 스크립트를 캔바에 붙여 콘텐츠를 완성한다. 그는 매주 콘텐츠 제작에 단 15분만 투자해도 월 매출을 유지한다고 한다.

지금이 그런 시대다. 챗GPT에 일정을 물어보거나, 오늘 카드뉴스용 문구를 뽑아달라고 하면 1분 만에 알려준다. 그렇게 하루 30분만 투자하면 AI와 함께 일하는 루틴이 생긴다. 이 루틴이 쌓이면 자동화라는 단어가 따라온다. 자동화는 결국 '내가 하지 않아도 되는 구조'를 만드는 일이다. 자동화의 목적은 일을 줄이는 것뿐만 아니라, 에너지를 쓸 곳에 제대로 쓰게 해준다.

AI가 도와줄 수 있는 일은 실제로 점점 늘어나고 있다. 상품 설명, 후기 요약, 고객 응답, 일정 알림, 기술이 아니라 구조를 생각하면 된다. 실제로 나는 GPT로 글을 쓰고, 캔바로 이미지를 만들고 노션으로 정리하고 링크트리로 연결한다. 내 주변에도 분들은 글 초안, SEO 키워드 전부 챗GPT로 작업을 한다.

누구나 처음은 낯설고 어렵다. 하지만 자동화의 본질은 '나를 위한 구조를 만드는 것'이다. 그 구조를 만드는 데 필요한 것이 AI 그리고 시간이다. 얼마나 좋은가? 머릿속에 있는 질문들을 물어보기만 해도 답변을 주고 나의 세계 안에서 답이 아니라 전 세계의 데이터들을 가지고 대화를 나눌 수 있다. 머릿속에 떠다니다가 사라진 아이디어들이 이젠 현실화가 될 수 있다.

콘텐츠가 쌓이고 사람들이 관심을 가지고 질문을 남기면 내가 그 질문에 답한다. 그러다 보면 어느 순간 '내가 할 수 있는 일이 있구나'라는 확신이 생긴다. 그때부터 1인 사업, 내 이름을 건 브랜드가 된다. 그렇게 구조가 만들어지고 하나씩 자동화가 삶에 들어오게 되면 시간 감각이 달라진다. 같은 일을 더 짧은 시간에 해내는 것만으로도 여유가 생긴다. 반복 업무에 쌓였던 피로감에서 벗어나 하고 싶은 일에 더 몰입할 수 있게 된다.

AI는 우리가 일하는 방식, 배우는 방식, 살아가는 방식을 바꾸고 있다. 더 중요한 건, 이 변화의 흐름에 누구나 올라탈 수 있다는 점이다. 어느 날 갑자기 전문가가 되는 건 아니지만, 매일 대화를 나누고 콘텐츠로 만들어보고 도구들을 하나씩 익혀 나가다 보면 그게 루틴이 되고, 루틴은 구조가 된다. 거창한 시스템이 아니다. 나를 위한 자동화 구조, 그게 전부다. 그러다 보면 어느 순간 당신은 알게 된다. '내가 생각보다 많은 걸 해냈구나'. 처음엔 호기심이었지만 그 호기심은 실천을 불러왔고, 변화가 됐다.

'1인 사업' 'AI 자동화'라는 말, 꽤 거창하게 들린다. 그런데 사실 소박하게 시작할 수 있다. 나의 경험에서 이야기했듯이, 블로그에 글 하나 쓰는 것도 시작이고, 인스타에 내가 해본 경험, 여행, 정보, 감성글 등 경험을 나누는 것도 1인 사업의 출발점이다. 중요한 건 '이걸 내가 시작할 수 있을까?' '계속할 수 있을까?'인데 그 부분을 AI가 도와준다. 이제 당신 차례다. AI 자동화는 이제 전문가만의 영역이 아니다. 콘텐츠가 쉬워지고 반복 작업이 줄고 브랜딩이 시작되고 무엇보다 시간을 번다. 그리고 그 시간은 곧 당신의 사업을 키울 에너지다. '나도 해볼까?'라는 생각이 들었다면 이미 절반은 시작한 것이다.

그렇게, 사업이 시작된다.

콘텐츠가
돈이되는
시대

2장

세상 간단하게 사업하는 방법 8가지

책쓰기 전문가 **강사라**

01
꿈꾸지 않으면 인생은 바뀌지 않는다

또 꿈 얘기인가?

뜬구름 잡는 듯한 꿈 얘기를 또 하느냐는 반응이 벌써 뒤통수에서 느껴진다. 아마 그 반응은 자신도 차마 인식하기도 전에 일어났을지 모르겠다. 자기계발서는 항상 꿈 타령이니까. 또 누군가는 성공자들의 일화라면 공식과도 같은 필수요소이니 약간은 자연스럽게 수긍하고 있을지도 모른다.

'그래, 뻔히 아는 이야기라 지루하긴 하지만, 그래도 내가 돈 주고 산 책이니 그냥 건너뛰긴 아쉽지. 의례적으로라도 읽고 지나가자.' 자신도 잘 알고 있는 당연한 그 소리를 눈 딱 감고 한 번 더 참아주려는 것처럼 말이다.

그러나 어떤 형태로든 이러한 반응을 자신에게서 감지했다면 냉정하게 다시 한번 '꿈'에 대한 이야기를 정독해야 할 것이다. 아직 꿈을 산다는 것에 대한 깊은 의미를 통찰하지 못했다는 의미이기도, 아직 그런 삶을 살고 있지 않다는 것을 반증해 내는 것이기도 하다. 꿈을 살아가는 이들은 꿈이라는 존재에 매번 새롭게 감탄하며, 다른 이들의 꿈을 영감으로 삼아 자신의 꿈을 더욱 키워가는 동력으로 삼기 때문이다.

 나는 지식 콘텐츠로 사업을 시작한 지 3년이 됐다. 그리고 4년째에 접어든 지금, 그동안 쌓아온 가치와 실력을 바탕으로 새로운 시즌과 도약에 이미 들어섰다. 생각의 시작과 함께 바로 실행하고 있는 나를 종종 발견하곤 하니까.

 반면, 내 남편은 지극히 평범한 일반인이다. 그는 나를 포함해, 동시대 사람들과 마찬가지로 '일반인이 사업을 하면 망한다.'라는 생각을 하고 자라왔다. 그러나 어느 순간부터 아내인 나를 통해 평범한 의식과 삶의 틀에서 벗어나고 있음을 가장 가까이에서 경험하고 있다. 어제는 심지어 나에게 버킷리스트에 '부동산 사기'를 적으라며 재촉하기까지 했다. 3년 동안 1인 사업을 하며 하나씩 목표를 이루어 가는 아내를 지켜보며, 그는 어느덧 내 인생의 산증인이 된 셈이다.

40대 꿈을 꾸지 않았다면.

생존모드에서 벗어나지 않았다면.

도전하지 않고 삶에 안주했다면.

 21년도, 생존모드에서 벗어나기로 했다. 아무리 열심히 계산기를 두드려 봐도, 내가 1억을 저축하는 데 걸리는 시간은 10년을 훌쩍 넘어도 턱없이 부족했다. 직장인으로서 넷 아이를 양육하며 겨우 매달 10만 원, 20만 원씩 저축한다고 해도, 어느 달에는 그마저도 빼

써야 할 일이 꼭 생긴다. 도저히 그 돈을 모으는 것은 현실적으로 불가능했다. 더는 같은 패턴을 반복할 수 없었다. 새로운 시스템이 필요하다는 것을 직감적으로 알았다. 이대로는 이 삶에서 결코 벗어날 수 없다는 것을 깨달은 것이다. 이제는 '생존'을 위해 하루하루를 버텨내며 살 수는 없단 말이다.

그때부터다. 생존모드에서 벗어나기로 굳게 결심했을 때, 나는 이미 생존모드에서 벗어난 사람이 되어 있었다. 그리고 현실에서 하나둘 변화로 나타나기 시작했다. 처음은 아주 미세한 움직임이라 알아채지 못한 순간들이 많았지만, 시간이 흐를수록 작은 움직임들은 커다란 나비효과를 만들어 냈다. 결국, 내 삶은 이전과는 비교할 수 없을 만큼 선명하게 달라지고 있었다.

'어떻게 하면 자신의 인생을 꿈과 성공으로 이끌 수 있을까?'

『놓치고 싶지 않은 나의 꿈, 나의 인생』 나폴레온 힐의 저서 프롤로그 첫 페이지에 나오는 문장이다. 그 질문은 꿈과 성공이라는 단어에 짙은 형광펜이 칠해져 있고, 빨간펜으로 줄이 그어진 아래로 정성스레 적힌 짧은 메모가 있다. -내 인생 키워드 '꿈', '성공'-

나폴레온 힐은 자신이 위 질문에 대한 해답을 찾기 시작한 것은 앤드류 카네기를 만난 후부터라고 했지만 나는 나폴레온 힐, 그를 만난 이후부터다. 나는 그제야 그동안 내면 깊이 자리 잡고 있던, 간절히 소망하던 인생을 찾게 된 것이다.

'꿈'과 '성공'이라는 키워드를 가슴에 품었다. 그리고 반드시 내 인생을 바꿔놓겠다는 약속을 자신에게 했다. 그때로부터 2~3년이 훌쩍 지난 지금도 동일한 키워드와 약속이 진행되고 있다. 다만 달라진 것이 있다면, 이전보다 현실로 이루어진 것들이 많아졌다는 점이다. 우연히 꿈이라는 단어가 내 눈에 들어와 한 손으로 집어 들게 됐던 책 속의 단어들이 결국 내 인생의 사명이었던 것이 틀림없다.

처음 시작은 막연했고 무형의 것들 투성이어서 내가 가진 확신에 찬 믿음조차 때로는 허황되게 느껴졌다. 때로는 타인의 시선뿐만 아니라, 스스로에게조차 보잘것없는 존재처럼 여겨지며, 막연한 꿈을 좇는 것이 부끄러울 때도 있었다. 열정을 다해 달리다 지쳐버릴 때면, 의미를 찾느라 한없이 헤매기도 했다. 그러나 포기하지 않고 인내하며 여기까지 온 나 자신을 칭찬해주고 싶다.

이제는 행동으로 쌓아 올린 결과들이 단단한 형태를 갖추었다. 작은 성취들과 성공들이 모여 더 큰 믿음과 도전으로 나아가게 했고 그 과정에서 깨달았다. 꿈이란 단순한 바람이 아니라, 실재하는 현실이 될 수 있음을.

꿈꾸지 않았던 시절 어땠는가. 공허한 바람이 가슴 한켠을 들어오고 나가며 어느 날은 시려 견딜 수가 없었고, 또 어떤 날은 급하게 삼킨 고구마 한 덩이처럼 가슴이 막혀 답답함에 미칠 듯했다.

꿈이라는 단어가 유독 내게 큰 의미가 있었던 것은 결코 우연이 아니다. 친구의 꿈이 궁금했고, 선배와 이웃들의 꿈이 늘 궁금했다.

그들의 꿈 이야기는 환경과 조건이라는 가시덤불 속에 갇혀 아직 피어나지 못했던 내 꿈에 더 큰 비전을 심어주었다. 그것은 분명, 내 안에 꿈을 이끌어내는 특별한 열망과 감각이 있었기 때문이었으리라. 그것을 나는 신이 나에게 두신 목적과 비전이라고 부른다. 나 자신을 넘어서서 타인 안에 숨겨진 가능성을 본다. 그들 안에 있는 가능성을 이끌어내어 꿈과 비전을 깨닫고 실현하게 하는 것, 그것이 바로 나의 사명임이 틀림없다고 오늘도 되내인다.

K를 알게 된 것은 그리 얼마 되지 않았다. 그녀는 처음 만난 자리에서 내게 친구 하자 했고, 두 번째 만났을 때 "3월 11일 우리 진짜 친구 된 날로 정할까요? 그리고 우리 생일도 서로 기억하며 챙겨줘요. 친구가 된 내년 이날에는 차 한잔이라도 함께 마시는 거 어때요?" 작가이니 이미 있겠지만 3월이니 무어라도 주고 싶은 마음에 샀다며 꽃스티커와 함께 다이어리를 건네는 K가 전혀 부담스럽지 않았다. 오히려 중고등학생 시절 친구들과 주고받던 편지 그리고 작은 포장지에 곱게 담아 주던 별것 아니었던 선물들이 떠올라 웃음이 났다.

"네? 친구요? 어, 그…. 래요~" 얼떨결에 대답하고 친구가 됐지만 나이가 들고 오랜만에 생긴 새 친구와 서로의 생일을 챙기기로 했으니, 나로서도 신선한 일이다. 그런 그녀와 오늘 4시간 동안 쉼 없이 대화를 나누었다. 할 말이 뭐 그리도 많았을까? 4시간 동안 이어진 이야기들은 어느 순간 방향을 잃고 두서없이 흩어지기도 했으며, 생각이 꼬리를 물다가 길을 잃어 끝맺지 못한 이야기들도 많았다. 하지만 사실 그조차도 꽤 괜찮은 일이었다.

  수많은 이야기 속에서 확실한 것은, 내 이야기가 그녀에게 큰 반향을 일으켰다는 것이다. 끝없이 이야기를 이어가다가도 내가 던진 한마디에 그녀는 입을 꾹 다문 채 깊은 생각에 잠겼다. 그러다 또 금세 이해하고 감동했다. 그런 순간들이 수도 없이 반복되었다. 결국 모든 대화는 내게는 더욱 명료한 확신이 되었고 그녀에게는 꿈과 소망, 더 나아가 미래를 품은 비전으로 상기 되었다. 서로에게 쏟아냈던 키워드들이 고스란히 앞을 향해 나아갈 꿈을 구체적으로 형태화시켜 준 것이다.

  꿈꾸지 않는 이들이 공통으로 하는 말들이 있다.

'꿈을 꿀 수 있는 환경과 조건이 도저히 안 돼.'
'지금은 때가 아니야.'
'너무 바빠.'
'난 재능이 없어.'
'나중에 여유가 되면.'

  나 역시 현재 하는 일들을 도저히 할 수 없는 사람이었다. 처지도 그랬고, 능력도 부족했다. 모든 것이 가능성조차 기대할 수 없는, 내 능력 밖의 일들이었다. 나의 배경이 그러했고, 환경과 형편도 마찬가지였다. 그러나 이 세상은 단 두 부류로만 나뉜다. '꿈을 꾸는 자와 꿈을 포기하는 자.'

어쩌면 그들의 꿈이 나의 꿈을 더욱 확장하는 기폭제가 되고 있는지도 모르겠다. 서로의 꿈이 서로의 인생을 놀랍도록 변화시키고 있는 것이다.
그래서 나는 당신에게도 묻는다.

"당신은 어떤 꿈을 꾸고 있나요?"

지금 당신 앞에 펼쳐진 인생이 바뀌기를 원한다면, 꿈꾸기를 선택해야 한다.

02 콘텐츠는 부를 품은 씨앗이다

나도 모르는 새 누군가의 콘텐츠를 소비하고 있다. 글을 쓰려고 잠시 노트북을 켜고 앉았을 뿐이다. 분명 노트북 위에 두 손을 올려놓고 있었는데 어떻게 된 일인지 스마트폰을 손에 들고 있다. 요새 핫하다는 스레드(메타에서 출시한 텍스트기반 SNS)를 훑어보며 '좋아요'를 누르고 댓글을 남겼다. 심지어 내 콘텐츠 글을 하나 발행하기까지.

"대표님!!! 저 스마트스토어에 전자책 올렸는데 3부나 팔림요! 다 스레드에서 와요. 겨우 3건이지만 넘나 신나서 하하."

어젯밤 10시가 지나 인스타 친구로부터 온 톡 메시지이다. 평상시 가족과 함께하는 시간에는 종일 카카오톡 확인도 안 하는 사람이, 얼마나 신이 났으면 그 밤에 연락했을까. 어떤 심정인지 너무 알겠어서 덩달아 기분이 설레고 가벼워졌다. 그래서 오늘 나도 스레드까지 기웃거려 보고 있다.

SNS 온라인 채널에 발을 들인 건 코로나19 때문이었다. 그때만 해도 'SNS는 시간 낭비' 또는 '보이기식 허세' 라는 부정적인 인식이 강했지만, 우리는 소비자를 넘어 생산자로 성장해 왔다. 블로그와 인스타그램 그리고 좀 더 한다는 사람은 유튜브 채널까지 하나씩 섭렵해 가면서 말이다.

자신의 채널을 통해 온라인에서 자리를 잡고, 그 안에서 꿈을 키우며 경제적 자립까지 이루겠다고 생각했다. 하지만 그때는 그것이 어떤 의미인지, 그리고 얼마나 큰 책임을 감당해야 하는지 짐작조차 하지 못했다. 그로부터 삼사 년이 지난 지금, 끝까지 버티지 못한 많은 이들이 이 공간에서 사라졌다. 10% 정도라도 남아있을까? 포기하지 않고 여기까지 인내하며 매번 한계를 뛰어넘고 성장해 온 우리가 너무 자랑스럽다.

요새 스레드 기류가 심상치 않다. 몇 년간 블로그와 인스타그램을 운영하며 다양한 채널이 뜨고 사라지는 모습을 지켜봐 왔기에 이번에도 일시적인 현상일지도 모른다는 생각을 했다. 그러나 최근 몇 달, 아니 며칠 사이 인스타그램에서 활발히 활동하던 많은 이들이 스레드로 이동해 더 많은 시간과 콘텐츠를 소비하고 생산하는 모습을 체감하고 있다.

인스타그램과 연동되어 있어 별도의 가입 절차 없이 바로 참여할 수 있다는 점, 그리고 기존 인스타그램 친구들과 자연스럽게 연결되면서 가벼운 대화와 의견을 나누기 용이하다는 점이 스레드의 강점으로 작용하는 듯하다. 빠른 피드백과 자유로운 텍스트 중심의 소통이 가능해지면서, 사람들은 점점 더 이곳에서 새로운 형태의 콘텐츠를 만들어 가고 있다.

아직 스레드까지 세팅하기엔 버겁다는 생각에 손을 못 대고 가끔씩 기웃거리기만 했는데 더 이상 그럴 순 없겠단 생각이 확실해졌다.

'콘텐츠'라는 것이 대체 무엇일까.

콘텐츠는 단순히 정보를 전달하는 영상, 글, 이미지 같은 형식을 의미하는 것이 아니다. 그것은 정보 전달을 넘어, 사람들에게 가치를 주는 모든 창작물을 뜻한다. 많은 사람들이 '콘텐츠'라는 단어를 SNS에서만 사용하는 용어라고 생각할지 모른다. 하지만 우리가 의식하든 하지 않든, 알고 있든 모르고 있든, 우리는 매일 콘텐츠를 소비하며 살아간다.

아침에 눈을 뜨자마자 스마트폰을 확인하고, 짧은 영상과 피드 속 이야기에 빠져든다. 출근길에는 틱톡과 릴스를 소비하고, 틈틈이 블로그 글을 읽으며, 유튜브로 정보를 얻는다. 퇴근 후에는 넷플릭스에서 드라마를 보거나 SNS에서 누군가의 삶을 엿본다. 이렇게 콘텐츠는 우리 일상에 자연스럽게 스며들어 있다.

그렇다면 콘텐츠는 단순히 흘러가는 정보에 불과할까? 아니다. 콘텐츠는 사람을 움직이고, 생각하게 하며, 때로는 삶을 바꾼다. 한 편의 글이 새로운 시각을 열어주고, 짧은 영상 하나가 누군가에게 영감을 줄 수 있다. 어떤 사람에게는 하루의 피로를 풀어주는 위로가 되고, 또 다른 누군가에게는 꿈을 향한 동기가 된다. 나 또한 넷째 아이를 낳고 힘겨웠던 일상 속에서 콘텐츠를 통해 위로받고 버틸 힘을 얻었다. 그러다 보니 어느 순간, 나 역시 이 일을 시작하게 된 것이다.

  온라인에서 나만의 채널을 운영하며 콘텐츠를 만들기 시작했을 때, 나는 그것이 단순한 기록이자 취미라고 생각했다. 하지만 점점 그것이 '나'를 표현하는 방식이 되었고, 더 나아가 누군가에게 영향을 미치는 일이 되었다. 그리고 지금, 스레드를 포함한 새로운 플랫폼들이 등장하면서 콘텐츠의 의미는 더욱 확장되고 있다.

  새로운 플랫폼들을 하나씩 익히며 누군가에게 가치를 전달하는 일을 기꺼이 해내고 싶다. 최근 인스타그램 친구 덕분에 스레드의 뜨거운 기류를 실감했고, 이를 계기로 기존에 운영하던 플랫폼들을 다시 정리해 보았다. 검색과 아카이빙 중심의 블로그, 비주얼과 소통 중심의 인스타그램, 그리고 텍스트와 실시간 대화 중심의 스레드. 각각의 특성을 살려 나만의 방식으로 활용해 보려는 마음이 확고해졌다.

  어느 날 꿈속에서 마치 나 자신을 바라보는 듯한 낯선 이미지를 보았다. 그 장면은 당시 내 상황을 보여주는 듯했다. 나는 어딘가에서 물을 가득 실어 와 내 우물에 퍼붓고 있었다. 커다란 물탱크차를 동원해 잔뜩 실어 날랐다. '와, 내 우물에 물을 가득가득 붓고 있네? 무언가 가득 채워지려나 봐.' 기대하는 마음으로 신이 났다. '우물이 더욱 깊어지고, 풍부해지고, 넘칠 만큼 가득 차겠지?'

  그런데 문득 멈춰 서서 가만히 생각해 보니 뭔가 이상하다. 우물은 원래 그 자체로 물을 뿜어내는 곳이 아닌가? 땅속 깊은 곳에서 스며 나오는 물을 담아두고, 필요할 때마다 길어 올려 쓰는 것이 우물의 본질이다. 그러나 나는 우물 바깥에서 물을 퍼다 나르고 있었다.

그제야 깨달았다. 내 안에서 퍼내야 할 것을 바깥에서 채우려 하고 있었다는 것을. 어쩌면 이미 충분한 것을 내 안에 가지고 있는데, 그걸 모르고 더 채워야 한다고만 생각했던 걸지도 모른다. 스스로의 내면에서 길어 올릴 수 있는 것들을 외면한 채, 외부에서 가져온 것들로 채우려고 고군분투하면서 말이다. 종종 불안해지고는 했다. 피로하고 지치기도 했다.

바깥에서 물을 퍼오는 것이 아니라, 내 안에 가득 차 있는 물을 길어 올려 세상으로 퍼내야 한다는 것을 직감적으로 알았다. 내 우물이 이미 충분히 깊고 풍요로우니.

마찬가지로, 콘텐츠를 만들어 낼 모든 재료가 이미 내 안에 충분히 있다는 확신이 이전보다 더욱 명확해졌다. 몇 년간 배우고 공부해 왔음에도 여전히 부족하다고 느꼈고, 스스로의 실력과 재능을 의심했다. 하지만 이제는 더 이상 그러지 않기로 했다. 중요한 것은 내 안에서 다양한 형태로 창출해 내는 기술, 방법, 그리고 전략일 뿐, 정작 콘텐츠는 이미 충분하다는 것을 알았으니까 말이다.

콘텐츠는 부를 품은 씨앗이다.

오전 10시, 오랜만에 무료 특강을 들었다. 한동안 콘텐츠를 만들어 내고 자기 사업을 하느라 바빴던 터였기도 했고, 지금은 아웃풋에 더 많은 시간과 에너지를 들여야 할 때라고 판단했기 때문이다. 그러다 마케팅 관련해서 디테일한 공부가 필요하다는 것을 실감하던 터에 특강을 듣고 수업 신청을 해봐야겠다고 생각했다. 무료 특강이었지만 강사님의 열정적인 강의는 3시간이 넘도록 진행이 됐다.

대부분의 무료 특강이 그렇듯이 마지막 시간에 프로그램에 대한 소개가 시작됐다. 이미 예상하고 기다렸던 광고였으니 커리큘럼을 자세히 살펴보지 않을 수 없었다. 정작 필요한 수업 내용과는 조금 달라 다른 수업을 찾아봐야겠다고 생각했지만, 마케팅에 관심이 있던 나는 프로그램을 홍보하는 상세 페이지를 꼼꼼히 훑었다.

'28만 원? 괜찮은데?
8주 과정이라면 비싼 것이 전혀 아니지.
더군다나 무료 특강에 1,000명이 넘도록 들어오는 실력 있는 강사인데 이 가격이라니 대박이다.'

결론적으로 28만 원은 12개월 할부 기준, 한 달 금액이었다. 그렇다면 8주에 총 336~400만 원이었던 셈이다. 예상을 뛰어넘는 콘텐츠의 가치이다. 콘텐츠가 누군가의 필요를 채우고 그들의 욕구를 건드릴 때 비로소 물질적 가치로 전환된다는 사실! 이제 우리는 이 개념을 명확히 이해해야 한다.

03 아주 작은 실행 '콘텐츠'의 힘

"저는 일단 독서노트를 적고 있어요. 강작가님, 이 방법도 괜찮나요?"
"책쓰기 선언하고 이젠 쓰고 있지요."
"저의 꿈도 꼭 책 1권 내는 것이에요! 저장해 놓을래요."
"책쓰기, 완벽한 때는 없기에 마음 준비가 되면 한 번은 꼭 해보고 싶어요."
"유용한 정보 늘 감사합니다."
"끝이 아니라 시작이란 말에 완전 공감해요."
"작가님 피드를 차곡차곡 저장해서 꺼내보고 있어요."

-SNS 콘텐츠에 달린 댓글 일부-

매주 월요일은 내가 정한 '콘텐츠 데이'다. 이날은 오로지 콘텐츠 관련 업무에만 집중하기로 작정하고 하루를 시작한다. 자칫하면 급하고 중요한 일들이 치고 들어와 흐트러지기도 한다. 그렇게 되면 1주일 내내 미리 준비되지 않은 콘텐츠를 급하게 만들어 내느라 하루마다 시간을 쪼개야 한다. 그 과정에서 이외 중요한 업무들을 놓치기 일쑤다. 그래서 꼭 구별해야 하는 날이다.

콘텐츠 데이에는 블로그, 인스타그램 그리고 스레드에 게시할 원고와 영상을 미리 준비한다. 특별한 프로젝트가 없더라도 콘텐츠와 관련된 아이디어를 구상하고 전략을 짜보는 시간이기도 하다. 필요할 때는 콘텐츠와 관련된 전략독서를 통해 정보와 자료들을 얻거나 아이디어를 구상하기도 한다. 생각보다 하나의 콘텐츠를 만드는 데는 적지 않은 시간이 걸리며 당장 눈에 보이는 결과물이 나오지도 않는다. 그러나 콘텐츠의 목적과 방향을 명확히 하고 주기적으로 점검하는 것은 굉장히 중요하다. 단순히 콘텐츠를 올린 뒤 반응에 일희일비하지 않는 것뿐만 아니라, 불필요한 에너지 소진을 막고 꾸준히 지속해 나가는 힘이 되기 때문이다. (전체 사업 구상 데이는 금요일로 정했다.)

수시로 고민하는 일이지만 '고객'의 입장과 필요를 다시 한번 수첩에 기록하는 일도 빠뜨리지 않는다. 콘텐츠를 만드는 입장에서 내가 하고 싶은 말과 할 수 있는 말들만 늘어놓고 있지는 않은지, 고객들이 진정으로 원하는 것인지 점검해 보는 것이다. 매번 반복해도 이를 더욱 뾰족하게 다듬는 일은 여전히 쉽지 않다는 것을 실감하고 있다. 지속해서 발행하는 콘텐츠 자체로 그들에게 가치를 주고 싶은 마음이 진심이다.

이렇게 공을 들이고 있는 나의 콘텐츠는 '책쓰기를 배우고 싶어 하는 사람들에게 실질적인 도움을 주는 정보형 콘텐츠'이다. 인스타그램에서 해시태그 '책쓰기 과외중'을 검색해 보면 매일 업로드되고 있는 정보와 메시지들을 확인할 수 있다. 처음에는 특별히 개인 채널에 게시할 만한 콘텐츠는 없었다.

가장 만만했던 것이 내가 매일 하고 있는 것, 독서를 하고 인상 깊었던 문구나 메시지들을 정리해서 올리거나 그것조차 여유롭지 않을 때는 독서 인증샷을 찍어 올리던 것이 고작이었다. 지금 생각해 보면 서로 '좋아요' 품앗이를 하고 공감했을지언정 저장을 누르게 하고 그들이 활용할 수 있는 가치를 전달하는 것으로써는 많이 미흡했다.

그러다 어느새 책 읽기를 좋아하는 자기계발러들과 독서 모임을 시작했고 매주 1권씩 월 4권을 서로 읽고 나누기 시작했다. 어느 날, 독자였던 내가 책을 쓰고 저자가 되었고, 책쓰기를 하고 싶어하던 인스타 친구에게 책을 쓰는 법을 가르쳐 주기 위해 첫 수업을 열었던 것이 벌써 3년 전의 일이 됐다. 크고 작은 한계들을 돌파해 내며 여기까지 온 나는 현재 '책쓰기를 알려주는 콘텐츠'가 곧 나의 업이 되었다.

유명인, 성공한 사업가가 아니더라도 일반인이 자신의 콘텐츠를 꾸준히 자신의 채널을 통해 올리고 어느 날 돈을 벌고 있는 자신을 보게 되는 사례는 나 외에도 너무 많다. 인스타그램에서 1.2만 명의 팔로워를 가지고 있는 북스타그래머이자 북튜버로 활동하는 K는 '1일1독'을 실천하며 꾸준히 독서와 리뷰를 진행해오고 있다. 물론 처음에는 일정하고 깔끔한 피드 구성으로 팔로워들의 신뢰를 얻기까지 그녀도 시행착오들이 많았을 것이다. 하지만 포기하지 않고 꾸준히 콘텐츠를 만들어 낸 결과 다양한 협찬과 협업의 기회를 만들었다.

J는 극내향형 웹툰만화를 만들어 올리기 시작했다. 자신을 꾸준히 스토리텔링하며 자신과 비슷한 극내향형들을 위로하고 격려하는 콘

텐츠이다. 이전에도 다양한 콘텐츠들이 올라왔지만 자신의 경험을 담은 웹툰만화는 생각보다 반응이 너무 좋았다. 1년 정도 그렇게 이어졌을까? 얼마전 출판사로부터 직접 출간 제의를 받아 현재는 원고 집필을 하는 작가가 되었다. 점점 인플루언서들을 통해 소셜미디어에서의 영향력을 바탕으로 책을 출간하거나, 책을 추천해서 베스트셀러를 만드는 사례가 많아지고 있다.

I는 어느 날 전자책을 쓰고서 전자책을 쓰고 싶어 하는 이들을 위한 프로그램을 시작했고, 자신의 경험담을 실은 콘텐츠를 영상으로 만들어 릴스(인스타그램의 짧은 동영상기능)에 업로드했다. 내가 인스타그램을 시작할 때만 해도 릴스 기능을 사용하는 사람들은 극히 드물었다. 어쨌든 I는 어느 날 몇 개의 릴스가 터지면서 갑자기 하루 몇백 명의 팔로워가 늘었고 1만에서 2만으로 훌쩍 뛰더니 현재는 4만을 충분히 넘어섰다. 이쯤 되면 수천에서 수만 명의 충성도 높은 팔로워를 보유하게 되니 그녀의 영향력은 어떤 상품과 판매이든 큰 힘을 발휘하게 된다.

이들은 나와 비슷한 시기에 SNS를 시작한 이들이라 그들의 성장과 성공이 더욱 가깝게 피부로 와 닿는다. 그 중 C는 60대로서 당시에는 그닥 드러나 보이지 않았다. 초보였던 나도 그냥 보고 스쳐 지나갔을 정도였으니까. 오히려 나보다 더 팔로워도 적고 특별히 눈에 띄는 콘텐츠도 아니었다. 그런데 3년쯤 지나고서 그녀의 성장을 보고 정말 놀랬다. 함께 시작했던 동기들보다 심지어 그녀에게 SNS를 가르쳤던 사수보다 더 많은 팔로워를 보유하고 있는게 아닌가?

드디어 자신의 경험을 담은 20~30대의 사업이야기와 실패로 몇억의 빚을 얻게 되었던 경험 그리고 그 어려움을 극복한 인사이트를 아들에게 과외 형태로 풀어낸 콘텐츠가 많은 팬덤을 만들어낸 것이다. 그리고 그녀는 얼마 전 책을 출간하고 당당히 베스트셀러 작가가 되었다. 1만도 안되던 팔로워가 지금은 24만 명이 다 되어 간다. 콘텐츠의 힘이란, 정말 기적과 같은 일을 만들어 낸다.

물론 결과만 보자는 것은 아니다. 자신에게 맞는 콘텐츠를 찾기까지, 발견한 콘텐츠에 가치를 담고 살아있는 메시지를 담기까지 과정이 결코 짧지 않았을 것이다. 고군분투하며 포기하지 않고 지속한 그들의 힘이 고스란히 묻어나는 일이다. 수없이 스스로 길을 묻고 스스로 해답을 찾으며 여기까지 왔을 테다. 나 또한 그러했고, 지금 또한 그 길을 계속 묻고 답하고 있으니까 말이다.

콘텐츠 자체는 누구나 이미 자신 안에 가지고 있다. 단지 '그것을 인식하고 끌어낼 수 있는가?'라는 해결해야 할 문제가 남아있을 뿐이다. 나를 포함한 사례 속 주인공들도 역시 처음부터 독자들에게 큰 호응을 얻고 큰 가치를 지닌 콘텐츠를 찾은 것은 아니다. 다양한 콘텐츠를 끄집어내고 시도한 끝에 비로소 독자들에게 가장 의미 있게 전달할 수 있는 콘텐츠를 발견하게 되었다.

이들에게는 한 가지 공통점이 있다. 살아온 과정, 겪은 일, 감정, 생각이 모두 콘텐츠의 재료가 되었으며, 비슷한 상황일지라도 각자가 느끼고 해석하는 방식의 차이가 존재한다는 것이다. 바로 그 차이가 각자의 고유한 콘텐츠를 만들어 낸다.

대부분 사람들은 자신의 이야기를 너무 평범하다고 느끼거나, 가치 없다고 생각한다. 타인의 이야기는 특별해 보이지만, 자신의 이야기는 너무 익숙하기 때문이다. 마치 교수에게는 '교수'라는 것이, 작가에게는 '작가'라는 것이 별것 아닌 것처럼 느껴지는 것과 같다. 또는 너무 바쁘거나 분주해서 스스로 내면을 들여다볼 시간이 부족하다. 시간을 내어 자기 생각을 정리하기보다 외부 자극에 따라 반응하느라 불안하고 초조한 마음에 정작 자신을 들여다 볼 여유가 없으니 자신만의 이야기와 콘텐츠를 발견할 기회를 놓치고 만다. 하지만 꼭 기억할 것은 자신에게는 익숙하고 평범하게 느껴질지라도, 다른 누군가에게는 새롭고 충분히 가치있는 콘텐츠가 될 수 있다는 것이다.

엄청난 시행착오가 있을 것이다. 실패 또한 또 다른 가치를 지니는 중요한 콘텐츠가 될 것이다. 그리고 이전보다 좀 더 영리해질 것이다.

우선, 출발해 보기를 추천한다. 출발해야만 비로소 시작되는 게임이다. 출발한 사람만이 이길 수 있는 기회조차 얻게 되는 것을 꼭 기억하자. '신사임당 채널'의 주언규 대표님을 MKYU 온라인 대학에서 유튜브 강사로 처음 알게 됐다. 당시 그는 김미경 학장님의 여러 강의 중 유튜브 강의를 맡은 강사였고 소탈한 모습이 동네 오빠처럼 꽤 인상적이었다. 지금은 성공 추월차선에 올라 억대 자산가로 인생을 역전했지만, 그 역시 여러 개의 유튜브 채널을 만들고 시도하고 실패하기를 반복했다. 그 중 하나의 시리즈물이 인기를 끌면서 성공

궤도에 들어선 것이다.

  처음부터 완벽한 콘텐츠를 만들 수 있는 사람은 없다. 시행착오를 겪고, 실패를 거듭하며, 점차 자신만의 색깔과 주제를 찾아갔다. 그리고 그 과정에는 꾸준한 실행이 필요하다. 콘텐츠를 찾고, 만들어내고 전달하는 일. 곧 그렇게 만들어진 콘텐츠는 또 다른 힘을 발휘하게 될 것이다.

자, 이제 자신만의 콘텐츠를 찾는 일을 시작해보면 어떨까?

04
책쓰기 전문가로 인생의 액셀을 밟는다

    책을 쓰고 작가가 되면 모두가 책쓰기 전문가일까? 누군가 의뭉스러운 질문을 던진다면 나는 어떤 대답을 할 수 있을까? 사실 이 질문은 내가 자신에게 수도 없이 던졌던 질문이기도 하다.

    책쓰기 분야에서 특강, 수업, 코칭을 하는 이들은 보통 기획자, 편집자 또는 베스트셀러 작가처럼 오랜 업력을 가진 전문가들이다. 또는 문예 창작을 전공하며 글쓰기를 체계적으로 배운 이들도 있다. 그렇다면, 그들 사이에서 내가 책쓰기 전문가로 활동할 수 있는 강점은 무엇일까?

    '책쓰기 전문가 강사라'

    나는 여러 권의 책을 쓰고 출간한 경험뿐만 아니라, 수업과 코칭을 통해 기획과 책쓰기 전문성까지 갖춘 전문가다. 단순히 글을 쓰는 것을 넘어, 책이 기획 단계에서부터 어떻게 만들어지고, 독자에게 효과적으로 다가가기 위해 무엇이 필요한지를 깊이 이해하고 있다.

    더군다나 글을 쓰고 싶은 사람들의 막막함을 덜어주고 쉽고 체계적으로 책을 완성하도록 돕는 과정에서 강점을 가진다. 저자 입장에서 출판사 편집자의 시각과 독자의 요구를 이해한다. 기획부터 집필, 출판까지의 전 과정을 경험하며 쌓은 노하우로, 단순한 책쓰기 기술을 넘어 '책을 완성하는 힘'을 키울 수 있도록 돕는 전문가다.

처음에는 나처럼 책을 쓰고 싶지만 무엇을, 어디서부터 시작해야 할지 전혀 모르는 사람들을 도왔다. 그들에게 하나씩 가르쳐 주고 출간을 돕다 보니 내 안에 기획력과 책쓰기를 쉽게 가르치는 능력이 탁월하다는 것을 알게 됐다. 이후로 책쓰기 특강, 수업 그리고 공저 프로젝트와 개인 코칭을 하며, 자신의 이야기를 세상에 꺼내어 꿈과 길을 열어가는 그들을 통해 더 큰 목표를 가지게 된 것이다. 그렇게 지금 여기에 이르렀다.

결국, 책을 쓰는 과정에서 마주하게 되는 고민을 함께 공감하고 달려가 줄 수 있는 '책쓰기 전문가'가 된 것이다.

"대표님 저, 이번 공동저서 프로젝트 함께 참여하면서 정말 깜짝 놀랐어요. 제가 대표님을 알고 지낸 지도 오래됐고, 늘 곁에서 지켜봐 왔잖아요. 항상 대단하시다 생각을 하고 있었는데도 이번에 대표님 능력에 정말 감탄했어요.
'아 이렇게 오래도록 수업과 코칭이 이어지는 이유가 다 있었구나.' 싶었다니까요. 대표님과 함께 시작한 것이 너무 행운인 거 같아요. 만약 시작하지 않았다면 어쩔뻔했나 생각만 해도 아찔해요."

평상시처럼 그냥 서로 안부를 묻자는 통화였는데 예상 못했던 감동을 전해 들었다. 이미 내 안에 확신을 가지고 본격적으로 시작한 일이지만 그녀의 한마디에 다시 한번 확신이 생겼다. 그리고 그 여정을 포기하지 않고 쌓아온 것에 대한 보람이 느껴지는 순간이기도 했다. 얼마 지나지 않아 예비 작가들의 원고를 가지고 몇 군데 출판사에 투고를 했고 이번에도 역시 '기획이 참 좋다.'라는 피드백을 들었다.

이제는 내가 잘 할 수 있는, 좋아하는 영역을 찾았으니, 그것을 통한 인생의 액셀을 밟아보자는 마음이 강력해졌다. 처음에는 책을 읽고 다른 이들의 세계관을 간접적으로 접하는 것이 즐거웠다. 내 삶과 일상에서 채워지지 못했던 풍요로움을 가질 수 있는 유일한 방법이기도 했으니까. 다음에는 직접 책을 쓰면서 글쓰기를 통해 나만의 세계관을 형태화시키는 일이 의미 있었다. 이제는 나도 책을 통해 누군가에게 그런 풍요로움을 줄 수 있다는 것이 매우 매력적이라는 것을 알아버리고 말았다.

그 과정에서 '부'라는 개념 또한 새롭게 이해하게 되었다. 최소한의 부를 이루어야 할 이유도 분명해졌다. 생존을 위한 최소한이 아닌, 부를 위한 최소한이다. 모두가 백만장자가 될 필요는 없지만 최소한의 부는 생존을 위한 고군분투에서 벗어나 삶의 방향을 주도적으로 설계할 수 있도록 한다.

예전에는 직장생활을 하면서 얻는 월급 수익이 충실하고 정직하게 일궈낸 가장 합리적인 부를 위한 것이라 생각했다. 그 이상을 원하고 구하며 애쓰는 것은 돈을 사랑하고 돈만 좇는 일이라 여기며

양심에 어긋나는 것이라 단정 지었다. 그러나 부는 단순히 물질적인 것을 넘어선다는 것을 체득했다. 내가 가진 역량을 활용해 더 많은 사람들에게 긍정적인 영향을 미치는 것과 직결된다. 그러니 부(富)라는 것은 우리 안에서 창출되는 것이다.

'부자가 되고 싶다는 야망을 가장 큰 악으로 취급하는 사람들이 있다. 하지만 부유한 인생은 물질적 추구의 과정인 동시에 영적 여정이기도 하다.'
〈부자들의 언어〉

몸에 필요한 약이라 해도 누군가는 오용하거나 남용하고, 심지어 악용하기도 한다. 마찬가지로, 부(富) 역시 반드시 필요한 것이지만, 어떤 이들에게는 부정적으로 사용되기도 한다. 그러나 좋은 것이 본래의 가치를 잃고 잘못 쓰이는 경우가 많다고 해서, 우리가 그것을 외면할 이유가 돼야 할까? 부도 마찬가지다. 일부 사람들이 악용한다고 해서 우리가 애초부터 그 가치를 부정하거나 외면할 수는 없다. 살아가는 동안 부를 바라고, 추구하며, 올바르게 사용할 수 있는 방법을 고민할 뿐이다.

또한, 우리는 부(富)에 대한 개념을 올바르게 정의할 필요가 있다. 부를 추구하는 삶은 단순히 물질적인 것을 좇는 것이 아니라, 영적인 성장과도 깊이 연결되어 있음을 이해해야 한다. 영적인 성장이 클수록, 부를 담을 그릇도 커지기 때문이다.

성공한 이들의 이야기를 떠올려 보면, 우리는 종종 이렇게 시작하는 사례들을 들어왔다.

"어릴 적부터 지독한 가난 속에서 자랐다. 부모 역시 가난했고, 그 환경 속에서 부에 대한 부정적인 인식을 품고 살아왔다. 하지만 그 가난에서 벗어나기 위해서는 먼저 부에 대한 인식을 바꿔야 한다는 사실을 깨달았다. 그리고 결국, 부를 거머쥐게 되었다."

마치 공식과도 같다. 부를 얻기 위해서는 분명 넘어야 할 인식의 문이 존재한다. 하지만 여기에는 작은 비밀이 숨겨져 있다. 부에 대한 원리와 과정은 이미 널리 알려져 있지만, 실제로 그것을 자신의 것으로 만들기 위해서는 엄청난 성장의 과정과 반복되는 실패의 시간, 그리고 그 안에서 소모되는 에너지가 필요하다는 것이다.

이유는 단순하다. 머리로 이해한 지식(의식)이 가슴(마음)으로 '툭' 떨어지기까지는 많은 헌신이 필요하기 때문이다. 그리고 그 과정은 영적인 성장과도 깊은 관계를 맺는다. 단순한 정보 습득이 아니라, 스스로 경험하고 깨닫는 과정이 반드시 필요한 것이다. 그래서 저자 존 소포릭도 영적인 여정이라고 고백하지 않았을까?

내가 만드는 콘텐츠, 우리가 만드는 콘텐츠는 부(富)와 직결되기에 먼저 부에 관해 이야기하지 않을 수 없었다. 콘텐츠는 크든 작든 결국 물질적 가치로 전환되기 때문이다. 이는 단순히 돈의 많고 적음이 아니라, 콘텐츠가 지닌 가치의 크고 작음에 따라 결정된다.

심지어 돈에 관심이 없거나 돈을 벌 생각이 아예 없다 하더라도, 콘텐츠의 가치를 고민하는 과정에서 부는 자연스럽게 따라오는 결과가 된다. 결국, 부에 대한 정의를 새롭게 하지 않으면 콘텐츠에 대한 접근방식도 흐려질 수밖에 없다는 것을 깨달았다. 원하는 가치를 올바르게 좇기 위해 또한 콘텐츠의 본질을 이해하기 위해 부에 대한 인식을 바꿔야 할 필요를 강조하고 싶다.

올해는 '책쓰기 전문가'로서 더 많은 사람들의 책쓰기를 돕기 위해 외부 활동을 확장해야겠다는 계획을 세웠다. 온오프 믹스 사업을 꿈꾼 지는 오래됐지만, 단기간에 이루어 낼 수 있을 거라 착각했던 것들이 결국은 하나씩 체계를 갖추고 자리를 잡는데 시간이 걸렸다. 돌이켜보면, 그것은 너무나도 당연한 과정이었다. 열정만큼이나 욕심이 앞섰을 뿐이다. 이를 위해 〈진리북스〉 1인 출판사를 등록했다. 또 하나의 디딤돌을 놓은 셈이다. 한꺼번에 여러 일을 해낼 순 없지만, 닿는 지점마다 하나씩 집중된 시스템을 구축해 나가는 일들이 곧 다음 단계로 나아가는 든든한 디딤돌이 될 것이라는 것을 알고 있다.

한때는 성공과 성취만을 좇으며 당장 눈에 보이는 결과물만을 추구했다. 대중의 반응에 일희일비하며, 기대만큼 성과가 나오지 않으면 쉽게 좌절하곤 했다. 원하는 기준이 항상 높았기 때문에 스스로 좌절하고 낙담하기 일쑤였다. 그러나 이제는 목적과 목표를 향해 전심전력을 다하되 과정에서 즐거움을 찾는 일을 놓치지 않으려 의식한다. 꾸준히 쌓아가는 경험과 배움이 새로운 성취와 성장을 채워준다는 것을 알게 되었기 때문이다.

'거둔 것들로 하루하루를 판단하지 마라. 그날 심은 씨앗으로 판단하라.'

로버트 루이스 스티븐슨

05
콘텐츠로 세상 간단하게 사업하는 방법 8가지

　오늘날, 콘텐츠는 단순한 정보 전달을 넘어서 사업의 핵심 도구로 자리잡고 있다. 코로나19를 맞이하며 온라인 활동을 시작한 나에게, 당시 '1인 기업'이라는 용어는 최신 트렌드처럼 느껴졌다. 하지만 이미 내가 대학생 시절일 때부터 1인 기업에 대한 정보와 활동을 콘텐츠로 만들어 오신 선구자들이 있었다.
　마찬가지로, 이제는 누구나 손쉽게 콘텐츠를 활용해 자신만의 사업을 구축할 수 있는 환경이 만들어지면서, 일반인들 사이에서도 이러한 흐름이 더욱 익숙해지고 기회가 훨씬 대중화되고 있다.
　나 또한 그 일들을 몇 년간 해오고 있다. 마흔 살, 넷 아이를 키우던 육아맘이 맨 땅에 헤딩하며 적지 않은 시간이 걸렸다. 때로는 '누군가는 몇 년만에 이뤄낸 일들을, 나는 두 세배의 시간이 걸렸구나.'라는 생각이 들기도 했다. 그럴 때 잠시 힘이 빠지는 건 어쩔 수 없나보다. 그러나 각자의 쌓아온 과정과 밀도, 상황들은 저마다 다를 테니 남과 비교하며 쓸데없는 에너지를 소비하지 말자고 스스로 다짐한다. 그리고 이제, 나와 같은 길을 걸으며 콘텐츠를 사업으로 전환하려는 이들에게 보다 효율적으로 시작할 수 있는 몇 가지 방법을 공유하고자 한다.

나만의 전문성을 콘텐츠로 만들기

내가 잘 아는 것, 경험한 것, 그리고 배우고 있는 것을 정리해 콘텐츠로 만들어내는 일은 결코 쉽지 않다. 그 과정에 이르기까지도 스스로 무엇을 잘 알고 있는지, 어떤 경험을 해왔는지, 무엇을 배우고 있는지를 찾아내는 일이 쉽지 않기 때문이다. 거기다 사업으로 전환하기 위해서는 '잘하는 것'을 넘어서 시장성을 고려한 자신만의 전문성을 정의하고 찾아야 한다.

전문성은 반드시 대단한 것이어야 할 필요는 없다. 특정 기술, 경험, 취미, 혹은 살아오면서 쌓아온 노하우도 충분한 자산이 될 수 있다. 가령, 20년간 육아 경험을 쌓아온 부모라면 '현실적인 육아 솔루션'을, 직장 생활을 오래 해온 사람이라면 '효율적인 업무 정리법'을 콘텐츠로 만들 수 있다.

최근 책쓰기 개인 코칭을 받으며 개인 저서 출간을 앞둔 한 수강생은 29년간의 직장 경험을 바탕으로, 조직 내 관계와 소통 문제를 주제로 책을 집필하고 있다. 정리된 이 콘텐츠는 이후 강연, 교육 프로그램, 온라인 콘텐츠 등으로 확장될 수 있는 강력한 도구가 될 수 있다. 하나의 콘텐츠가 다양한 방식으로 활용되면서, 자연스럽게 새로운 기회와 사업 모델로 이어지는 것이다.

자신의 전문성을 찾고 싶다면 다음 질문에 답해보자.

나는 어떤 분야에서 자연스럽게 조언을 해줄 수 있는가?
사람들이 나에게 자주 묻는 질문은 무엇인가?
내가 남들보다 더 깊이 고민하고 연구해 온 주제는 무엇인가?
내가 지속적으로 배우고 싶어 하는 분야는 무엇인가?

반복해서 소비되는 콘텐츠 만들기

한 번 소비되고 사라지는 콘텐츠가 아니라, 시간이 지나도 지속적으로 활용될 수 있는 콘텐츠를 만드는 것이다. 이를 위해서는 '반복 소비'가 가능한 구조를 갖춰야 한다. 예를 들면, 강연이나 수업을 기반으로 만든 콘텐츠는 여러 번 재활용될 수 있다. 강연 내용을 정리해 종이책이나 전자책으로 만드는 것도 방법이다. 핵심 내용을 짧은 영상으로 편집해 SNS에 업로드하면 더 많은 사람들에게 다가갈 수 있다. 또한, 블로그나 뉴스레터를 통해 같은 주제를 다양한 각도로 풀어내면서 반복적으로 자신의 브랜드를 노출시키는 것도 좋은 방법이다.

좋은 콘텐츠는 시간이 지나도 여전히 가치가 있다. 핵심은 '한 번 만든 콘텐츠를 어떻게 여러 채널에서 재활용할 것인가?'에 대한 전략을 세우는 것이다. 블로그, 인스타그램, 유튜브, 스레드 등을 통해 동일한 콘텐츠라도 각 채널에 따라 형식을 달리하면 새로운 독자층을 만날 수 있고, 꾸준히 노출되면서 더 많은 사람들에게 영향을 미칠 수 있다.

SNS를 내 브랜드 자산으로 만들기

SNS는 이제 더 이상 단순한 소통 도구가 아니다. 개인 전문성과 콘텐츠를 쌓아 브랜드 자산으로 키울 수 있는 강력한 플랫폼이다. 개인을 알리는 1인채널 시대에 SNS를 효과적으로 활용하면 '이름 없는 전문가'에서 '신뢰받는 브랜드'로 자리 잡을 수 있다는 것을 꼭 기억하고 아직 시작하지 않았다면 더 늦기 전에 지금 시작하기를 바란다.

브랜딩에서 가장 중요한 것은 일관된 메시지와 콘셉트를 유지하는 것이다. 특정 주제(책쓰기, 육아, 심리, 비즈니스 등)에 대해 꾸준히 이야기하면서, 자신만의 관점과 경험을 녹인 콘텐츠를 만들어야 한다. 사람들이 내 계정을 방문했을 때, '이 사람은 어떤 전문가인가?'를 한눈에 파악할 수 있도록 해야 하는데 그래서 프로필 설정이 굉장히 중요하다.

또한, 단순히 정보를 제공하는 것이 아니라 팔로워와의 소통을 강화하는 것도 중요하다. 댓글과 DM을 적극 활용하고, 질문을 던지거나 라이브 방송을 통해 직접 소통하면 신뢰가 쌓이고 충성도 높은 팬층이 형성된다.

SNS에서 쌓는 브랜드는 단기 성과보다 장기적인 자산으로 작용한다. 꾸준한 콘텐츠 생산과 진정성 있는 소통을 통해, '이 분야에서 신뢰할 만한 사람'이라는 이미지를 만들어 가는 것이 핵심이다.

돈이 되는 콘텐츠를 기획하기

　많은 사람들이 콘텐츠를 만들지만, 모두가 돈이 되는 콘텐츠를 만들지는 않는다. 단순히 내가 하고 싶은 이야기나 좋아하는 주제를 다룬다고 해서 수익이 나는 것은 아니다.
　몇 년 전, 유튜브 강사님의 열정 어린 조언이 떠오른다.
"제발! 자기 하고 싶은 거 하지 말고, 사람들이 필요로 하는 주제를 하세요!"
　목에 핏대를 세우며 외치던 그 말이, 당시에는 전혀 와닿지 않았다. 나는 결국 내가 하고 싶은 콘텐츠를 만들었다. 그때 고집을 버리고, 사람들이 원하는 것을 고민했다면 어땠을까? 콘텐츠는 자기만족에 그쳐서는 안 된다. 타인에게 가치 있는 것을 제공할 때 비로소 수익으로 연결되기 때문이다. 그들이 원하고 필요로 하는 것을 깊이 고민하는 것, 그것이 바로 돈이 되는 콘텐츠다.

디지털 상품을 만들어 판매하기

　한 번 만들어 놓으면 추가 비용 없이 무제한으로 판매할 수 있다는 점에서 매우 매력적이다. 혹시 지금 가지고 있는 자신만의 노하우와 경험이 있다면 다음 순서대로 전환해보자.

1. 제공할 수 있는 가치를 정리한다.

2. 수요가 있는지 조사하고, 경쟁 상품을 분석한다.
3. 최소한의 기능을 갖춘 제품(MVP)을 만들어 테스트해 본다.
4. 판매 채널(SNS, 블로그, 마켓플레이스 등)을 활용해 홍보한다.
5. 지속적으로 개선하고 확장하며 자동화 시스템을 구축한다.

 디지털 상품은 초기 작업이 어렵지만, 한 번 시스템이 갖춰지면 안정적인 수익원이 될 수 있다는 것을 꼭 기억하기 바란다. 자, 이제 자신이 가진 경험과 지식을 정리해볼까?

자동화 시스템 구축하기

 디지털 콘텐츠나 온라인 비즈니스를 운영할 때 자동화는 필수적이다. 현재 나는 책쓰기 수업과 개인 코칭 외에도 다양한 책쓰기 관련 프로그램을 운영하고 있다. 그러나 반복적인 업무에서 벗어나 더 중요한 일에 집중하기 위해 자동화 시스템을 하나씩 완성해 가고 있는 중이다.
 우선, 책쓰기 기초반을 VOD 영상과 PDF 자료로 패키지 상품화하고, 온라인 결제 시스템과 디지털 상품 배송을 연계한다. 이렇게 하면 고객이 결제하는 즉시 상품을 자동으로 받을 수 있어, 운영의 효율성을 높일 수 있다. 더불어 나는 직접 수업을 운영해야했지만 기초반을 자동시스템화함으로 더 이상 기초반 수업을 위해 에너지를 쓰지 않아도 된다.

2023년 1월, 처음으로 월 1천만 원의 목표를 달성한 이후, 적게는 200만 원에서 많게는 600만 원 이상의 수익을 만들어내고 있다. 이제는 들쑥날쑥한 수입이 아닌, 자동화 시스템을 통해 매월 1천만 원의 안정적인 수익을 유지하는 것이 목표다. 나의 컨디션과 관계없이 지속적으로 수익을 창출해 줄 시스템을 구축하는 것이다.

커뮤니티를 만들어 충성 고객을 확보하기

누군가에게는 쉬운 일일 텐데, 나는 성향적으로 커뮤니티를 이루고 지속적으로 소통하며 관리하는 일이 굉장히 어렵다. 사람을 싫어하는 건 아니지만, 천성적으로 사람보다 '일'을 좋아하는 편이다. 사람들과 꾸준히 연결되어 있는 건 분명 좋은 일이지만, 그 자체에 큰 중요도를 두지 않는 나만의 성향도 한몫한다. 게다가 관계를 계속 이어가는 일은 에너지를 많이 소모하게 하는데, 그 에너지를 다른 곳에 집중하기 위해 의도적으로 아끼는 것이기도 하다.

아이 넷을 키우며 모든 일을 다 해내는 건 현실적으로 불가능했고, 그래서 스스로 터득한 생존 방식이자 효율성이기도 하다. 하지만 콘텐츠 기반으로 사업을 시작하면서, 관계와 소통 없이는 한계가 있다는 걸 절감하게 되었다. 함께 공감하고 이야기 나눌 수 있는 공간, 즉 '커뮤니티'가 꼭 필요하다는 사실을 인정하게 된 것이다.

커뮤니티 안에서 사람들은 단순한 소비자가 아니라 '참여자'로 존재하게 된다. 자발적으로 브랜드의 팬이 되어 이야기를 전하고, 새로운 아이디어를 주고받으며, 충성 고객으로 자리잡는다. 커뮤니티 운영은 결국 사람을 돌보는 일이다. 진심이 담긴 관심, 꾸준한 소통, 작지만 소소한 나눔이 서로 오고 갈 때, 고객은 단순한 구매자를 넘어 충성 고객으로 성장하게 된다. 그 일들을 아직도 부족하지만 꾸준히 지속하고 있다.

작게 시작하고 빠르게 실행하기

무언가를 시작할 때 우리는 자주 '완벽'을 준비하려 한다. 충분히 알아보고, 계획을 세우고, 갖춰야 할 조건을 모두 채운 뒤에야 실행에 옮기려는 경향이 있다. 하지만 그 기다림은 생각보다 길고, 때로는 시작조차 가로막는다. 중요한 건 완벽한 출발이 아니라, 작게라도 한 발 내딛는 용기다.

작게 시작하면 부담이 줄고, 빠르게 실행하면 배움의 속도가 붙는다. 콘텐츠 하나, 글 한 줄, 소소한 아이디어라도 행동으로 옮기면 그 자체가 피드백을 만들고, 다음 방향을 결정하는 나침반이 된다. 빠를수록 많은 기회를 만든다는 것을 기억하자.

'콘텐츠로 세상 간단하게 사업하는 방법 8가지'를 배웠다. 이제 결과를 만드는 건, 실행하는 사람의 몫이다.

06
킹포인트만 남기는 3가지 기술

"모든 일이 쉬워지거나 불필요해지도록 만들어 줄, 지금 당신이 가장 먼저 해야 할 단 한 가지는 무엇인가?"

『The ONE Thing』에서 말하는 원씽이란, 이 질문에 답하는 것이 바로 원씽이다.

오후 2시 09분 커피 한잔을 들고서 책상 앞에 앉았다. 오늘 내가 해야 할 업무는 후기 영상찍기, 06꼭지 원고 완료, '5인 5색' 주제 특강 준비 그리고 POD출간 10인 공저시집 오리엔테이션 준비 마무리와 진행이다. 오늘 업무가 고작 4개뿐이라니.

불과 1년 전만 해도 내 위클리 플랜은 하루 종일 촘촘하게 채워져 있었고 업무 항목마다 분류에 따라 형광펜으로 색색이 칠해졌다. 계획을 쪼개고, 또 쪼갰다. 하루를 촘촘히 설계하는 데 익숙했고, 그렇게 분주한 하루를 보내는 것이 곧 내가 잘하고 있다는 것을 증명해 주는 것 같았다. 심지어는 통화를 해야 할 사항까지도 미리 일정을 체크하고 시간을 정해야 했을 정도였다. 하지만 시간이 갈수록 계획을 더 잘게 나눌수록, 나는 점점 '해야 할 일'과 '시간'에 강한 집착을 했다. 일정이 흐트러지면 초조해졌고, 계획대로 실천하지 못한 날이면 스스로를 탓했다. 그러다 어느 순간, '지금 이 방식이 정말 나를 더 나은 방향으로 이끌고 있는가?'라는 질문 앞에 서게 되었다. 즉시 위클리 짜는 것을 멈췄다.

대학 시절이 떠올랐다. 그때의 나도 하루를 시간 단위, 분 단위로 나눴다. 어느 날 버스 정류장에 가는 시간을 5분 전까지 머릿속으로 시뮬레이션하고 있는 자신을 발견하고서 모든 주간스케줄표에서 손을 뗐다. 다시 그 시절의 자신과 마주하고 있다는 것을 느낀 순간, 이번에도 나는 매몰되어 가는 계획표 속에서 손을 뗐다.

1년이 지난 지금, 내 위클리 플랜은 듬성듬성하다. 가끔은 비어 있는 칸을 보면 뭔가 채워 넣어야 할 것 같은 조급함이 느껴지기도 한다. 그러나 펜을 들기 전, 먼저 스스로에게 묻는다. '이렇게 시간이 비어 있어도 괜찮은 걸까?' 내 대답은 이렇다. "이 여백은 '원씽(One Thing)'을 실현하기 위한 공간이다." 비어 있는 시간 속에서 진짜 중요한 일이 더 선명하게 떠오른다. 물론 언젠가는 이 시간들도 의미 있는 일로 채워져야 할 것이다. 그러나 내 사업과 목적과 관련 없는 일들을 일부러 만들어 넣는 일은 하지 않기로 했다.

지금은 1인 사업가로서, 내가 혼자서도 해낼 수 있는 일들을 하나씩 차근히 쌓아가는 것. 그것이 지금 나에게는 최선이다.

줄여라

처음부터 핵심을 바로 찾아내기란 쉽지 않다. 평범한 일상 속에서 살아오다, 어느 날 꿈과 정체성, 인생의 목적을 깨닫는다 해도 단번에 명확해지지는 않기 때문이다. 인생의 의미를 발견했다면, 그때부터는 다양한 시도와 경험, 도전을 통해 자신의 길을 탐색해야 한다.

독서도 일정한 임계점을 넘어야 삶의 질이 달라지듯, 일정량의 경험과 노출이 쌓여 '양이 질로 바뀌는 순간'을 지나야 한다. 그리고 나서야 비로소, 불필요한 것들을 하나씩 덜어내며 본질에 가까워질 수 있다. 지금 나에게 가장 중요한 것을 선택해야 하는 것이다. 이것은 곧, 가벼워지기 위해서가 아니라 더 깊이 가기 위해서다. 줄여야 집중할 수 있고, 속도가 붙는다.

쳐내라

무엇을 붙잡을지가 아니라, 무엇을 놓아야 할지를 먼저 고민해야 한다. 가지고 있는 것이 많다고 해서 모두 내 것이 되는 것은 아니다. 오히려 과하게 쥐고 있을수록, 진짜 중요한 것을 놓치기 쉽다. 생각이 많은 사람은 하고 싶은 일이 많다. 또는 하고 싶은 일도 많은데, 할 수 있는 일도 많은 사람도 있다. 욕심이 많은 사람이다.

나 역시 그랬다. 하지만 나는 할 수 있는 일과 할 수 없는 일을 구분하기 시작했다. 무엇보다도 가장 용기가 필요했던 건, '할 수 있는 일' 모두를 다 해내고 싶다는 욕심을 내려놓는 일이었다.

실행력을 높이고 싶다면, 지금 자신에게 정말 필요한 것만 남기고 나머지는 과감히 쳐내야 한다. 모든 가능성을 다 열어두면 불안으로 바뀐다. 선택하지 못한 수많은 일들이 자꾸 마음을 흔들기 때문이다. 그래서 쳐내야 한다. 망설임, 미련, 욕심.

쳐내는 건 버리는 게 아니다. 더 나은 방향으로 나아가기 위한 정리다. 머뭇거리는 시간을 줄이고, 과감히 쳐내라. 그러면 길이 보이기 시작할 것이다.

버려라

쓸모없는 것을 움켜쥐고 있는 한, 손은 결코 가벼워지지 않는다. 버려야 비로소 채울 수 있다. 예전의 나는 할 수 있는 일이라면 전부 했다. 독서 모임, 글쓰기 모임, 필사 프로젝트, 다양한 챌린지까지 어느 하나 소홀히 하지 않았다. '다 나에게 도움이 될 거야.'라는 생각으로 붙들고 있었지만, 어느 순간 깨달았다.

진짜 하고 싶은 일, 진짜 중요한 일에 쏟을 에너지마저 분산되고 있었다는 것을. 그래서 버렸다. 할 수 있는 일을 줄였고, 하고 싶은 일도 덜어냈다. 결국, '책쓰기'라는 핵심에만 집중하기로 했다. 이제는 책쓰기와 직접 연결된 프로그램만 남기고, 모든 활동을 그 중심에서 판단한다.

기준이 생기자 선택이 쉬워졌다. 무엇을 할지보다, 무엇을 하지 않을지가 더 분명해졌기 때문이다. 불필요한 분주함에서 벗어나니, 진짜 성과가 보이기 시작했다.

줄이고 쳐내고 버리는 일은 포기가 아니라 방향을 설정하는 일이다. 성장은 더하는 것이 아니라 덜어내는 데서 시작된다는 것을 그동안 쏟아낸 시간과 에너지 속에서 깨달았다. 무엇을 갖느냐보다, 무엇을 버릴 수 있느냐가 더 중요한 시점이 있다. 줄이고 쳐내고 버려라. 그래야 진짜 원하는 것을 온전히 붙잡을 수 있다.

하지만 꼭 기억해야 할 것이 있다. 처음부터 무엇을 버릴지 아는 사람은 없다. 우선은 많은 것을 끄집어내고, 다양하게 시도해봐야 한다. 충분히 해본 후에야 비로소 '무엇이 진짜 나에게 필요한 것인지', '무엇을 버려야 하는지' 알 수 있기 때문이다. 큰 용기가 필요한 일이다.

'무조건 책쓰기만 하자!' 이 결심은 단순한 용기가 아니라, 수많은 도전과 실행 속에서 얻은 확신이었다. 오랜 직장생활과 넷 아이의 육아를 병행하며 살아가고 있었고, 코로나19 시절 우연히 SNS를 접하게 되었다. 그리고 마음 깊이 다짐했다.

"이제는, 나의 꿈을 위한 일에 올인해보자."

평소 독서를 좋아했던 나는 독서와 관련된 다양한 활동을 시작했고, 책을 직접 써보며 새로운 나를 알게 됐다. '나는 책 읽기보다, 글쓰기를 더 좋아하는 사람이구나!' 지인들에게 책 쓰는 방법을 알려주면서 '가르치는 일'의 즐거움을 느꼈고, 그들의 책을 함께 기획하고 코칭하는 과정에서 내 안의 재능과 보람도 발견할 수 있었다.

하나같이 내가 좋아하고, 잘할 수 있는 일이었다. 모두 내 손에서 놓고 싶지 않았다. 하지만 결국 인정하게 됐다. 내 시간과 에너지는 유한하고, 다 할 수는 없다는 것을 말이다. 모든 걸 하고 싶은 욕심을 내려놓아야 했다. 그래서 선택했다.

  콘텐츠를 다듬고 실험해온 3년의 시간 끝에, 마침내 '나만의 단 한가지'를 찾았다. 이제는 내 것이 아닌 것들에 대해서 애써 욕심을 부리지 않는다. 심지어 눈길조차 주지 않기로 했다. SNS를 보다 보면 종종 앞서가는 사람들이 보인다. 어떤 이는 갑자기 인기를 얻고, 어떤 이는 급속도로 성장을 한다. 그럴 때마다 마음 한구석에서 흔들리기도 한다.

'나도 저거 할 수 있는데.'

'나도 한 번 해볼까?'

  그 꿈틀거리는 유혹을 단번에 잘라낸다. 가장 내 마음이 뜨겁게 반응하는 단 하나의 일, 내 자신과 타인, 그리고 세상에 진심으로 기여하고 싶은 단 하나의 일. 그것이 바로, 내게는 '책쓰기'이다.

  결국 중요한 건, 모든 걸 잘하려는 게 아니라 가장 중요한 걸 놓치지 않는 것이다. 킹포인트는 말 그대로 중심이고 본질이다. 내가 하고 싶은 일 '모두'가 아니라, 반드시 해야 하는 '단 한가지'를 향해 방향을 잡는다. 가지치기를 하고, 욕심을 덜어낼수록 중심은 또렷해진다.

  그 하나를 중심에 둘 때, 다른 선택들도 자연스럽게 정리된다. 킹포인트만 남기면, 에너지는 흐트러지지 않고 힘 있게 한 곳으로 모인다. 쌓기보다 덜어내는 용기, 흩어지기보다 중심을 붙드는 힘. 성장은 더하는 게 아니라, 핵심을 남기고 나머지를 걷어내는 데서 시작된다는 것을 기억하기를 바란다.

07
조용히 슬럼프를 지나치는 방법

"슬럼프를 슬럼프라고 하지 마세요."

슬럼프라는 단어를 만나면 1인기업 국민 멘토 김형환 교수님의 오래전 특강 말씀이 늘 떠오른다. 누구에게나 한 번씩 찾아오는 잠깐의 침체기를 굳이 '슬럼프'라고 스스로 확정하지 말라는 말씀이다. 나는 그 뜻을 누구보다 잘 이해하고 있다. 생각하는 대로 말하는 대로 현실이 만들어진다는, 보이지 않는 에너지의 힘을 믿기 때문이다.

그러고 보면 많은 이들이 '긍정의 확언'은 맹신하면서 '부정의 확언'이 그대로 실현되는 것에 대해서는 의외로 무심하다. 오히려 부정적인 감정은 솔직하게 드러내야 한다며, 그 말들을 아무렇지 않게 쏟아내라고 부추기는 경우도 본다. 그게 마치 자신에 대한 정직한 태도인 것처럼.

"슬럼프(Slump)"는 일시적으로 동기, 기분, 성과 등이 저하되는 상태를 뜻하는 비공식 심리 용어로, 주로 성취욕이 높거나 장기간 스트레스나 탈진을 겪고 있는 사람에게서 자주 나타난다.
— 미국심리학회(American Psychological Association, APA) 심리학 용어 사전

슬럼프는 단순히 무기력이나 게으름이 아니다. 장기적인 스트레스 상황에서 누구에게나 일시적으로 찾아올 수 있는, 마음이 지치고 의욕이 뚝 떨어지는 상태이다. '슬럼프'라는 말을 종종 사용해왔지만, 정작 그 정확한 의미를 모른 채 감정의 작은 변화만으로도 슬럼프라 단정 짓지는 않았을까? 라는 생각도 문득 해보게 된다.

몰입이 강한 나는, 한번 시작하면 너무 오래, 너무 열심히 일하는 성향이다. 그렇게 쉼 없이 달리다 보면 어느 순간 몸과 마음이 동시에 '쉼'을 요구할 때가 온다. 신호를 종종 무시했던 나는 결국 몸과 마음이 무너지곤 했다. 때로는 열정으로 시작했던 일이 시간이 지나면서 처음 목적을 놓치기도 하고 의미가 희미해지다 보면, 갑자기 모든 것이 무의미하게 느껴진다. 그럴 때는 며칠씩 손을 놓고 있었다. 모든 것이 귀찮아졌다.

또한 성과 중심, 결과 중심이 강했던 태도 역시 슬럼프 원인이 되었다. 원하는 결과가 기대만큼 나오지 않거나, 주변 사람들과 비교될 때면 마음이 초조해지고 조급해졌다. 스스로를 실패자처럼 느끼기도 했고, 결과에만 몰두한 나머지 과정의 의미를 놓치기 일쑤였다. 당시에는 슬럼프의 원인조차 정확히 알지 못한 채, 주기적으로 찾아오는 이 심리적인 변화가 몹시 당황스러웠다.

'왜 이렇게 답답하지?
왜 이렇게 무력하지?
왜 이렇게 깊은 곳에서부터 슬프지?'

답을 찾지 못한 채, 며칠 동안 잠만 자며 버티기도 했다.

 쉼 없이 너무 열심히 달렸다는 것을 알았다. 대체로 몸이 지치면 마음도 무너졌고, 마음이 힘들어지면 몸도 금세 따라 무너졌다. 몸과 마음이 동시에 한계에 이르렀을 때 슬럼프는 어김없이 찾아왔다. 그래서 몸이 힘들 땐 몸을, 마음이 힘들 땐 마음을 쉬게 해야 한다는 단순하지만 중요한 원칙을 배우게 되었다.

 결과에 대한 기대치가 지나치게 높고 얻어진 결과물과 반응에 일희일비했다. 사실 가장 어려웠던 건 그런 것들에 나 자신을 유연하게 적응시키는 일이었다. 늘 내 시선은 '과정'보다는 '목표'와 '결과'에 머물러 있었기 때문이다. '과정이 더 중요하다.'라는 말을 수도 없이 듣고, 스스로에게도 되뇌었지만, 그것이 체득되기까지는 많은 시행착오와 시간이 필요했다. 다행히 이제는 결과보다 과정에서 의미를 찾고 그 안에서 가치를 창출해내는 일이 가능해졌다.

'낮잠을 잘 수도 있지. 잘 쉬었어.'
'오늘만큼은 의미 없이 움직여도 괜찮아.'
'아무것도 안 하고 싶지만, 딱 하나만 해보자.'
'성과를 측정하지 말고 그냥 관찰해보는 것도 좋아.'
'사람들과 잠시 거리를 두는 건 회복의 일부야.'
'이 또한 지나가는 것이니 조금은 천천히 그리고 느긋해 보자.'

 『10배의 법칙』 저자 그랜트 카돈은 기업가이자 동기부여가다. 2년 전 이 책을 처음 만났을 때, 나는 페이지마다 빨간펜으로 줄을 긋고 메모를 남겼다. 책 한 권을 관통하는 저자의 핵심 메시지는 단 하나다.

"10배의 원대한 생각과 10배의 행동력을 발휘하라."

그는 '10배의 법칙'이라는 단순하지만 강력한 원칙으로 성공을 위한 생각과 행동의 수준을 설정해준다. 이 책을 소개하려는 것은 아니다. 다시 한번 읽어볼 참이지만 두세 번 반복해 읽은 책도 아니다. 하지만 나는 무기력해질 때마다 책장에 꽂힌 이 책의 제목을 올려다보곤 한다.

'10배의 법칙' 그 짧은 제목은 제목 하나만으로 나를 다시 일으켜 세우는 자극이 되기 때문이다. 신은 내 안에 탁월한 잠재능력과 가능성을 두셨다. 그러나 태어나 자라며 나는 스스로를 제한된 생각과 행동의 틀 안에 가두고 살아왔다. 주어진 환경과 내 자신이 만든 좁은 세계 속에서, 내면의 가능성이 힘을 잃게 된 것이다.

아주 오랜 시간이 지나고 마흔이 다 되었을 때, 의식이 깨어나고 숨겨진 가능성을 보기 시작했다. 그때부터 매번 낡은 틀을 깨뜨리는 연습을 해야만 했다. 내 안의 거대한 나를 마주하기 위해 작아진 나로부터 벗어나는 일이 수없이 반복돼야만 했던 것이다.

"지금 너는 10배 더 원대한 생각과 10배의 행동을 하고 있니?"라는 물음은 깊은 슬럼프 속에서도 나를 다시 움직이게 한다.

우리는 대부분 원하는 것만큼의 큰 그림을 꿈꾼다.

"나도 책을 내고 싶다."

"내 브랜드를 만들고 싶다."
"강연하고, 영향력을 주는 사람이 되고 싶다."

목표는 누구보다 크고 멋지지만, 막상 그 목표에 다가가기 위해 감당해야 하는 매일의 훈련, 인내, 반복되는 루틴은 너무 고되고, 힘들어서 금세 지치고 만다. 나 역시 멋진 옷을 차려입고 많은 대중들 앞에서 강의와 강연을 하는 모습을 머릿속에 그리지만 현실은 매일 작업복을 입고 있다.

원하는 것이 크다면, 그에 걸맞는 '나'를 만드는 시간도 그만큼 필요하다는 사실을 잊지 말기를 바란다. 성장을 위해 도전하는 일은 현재 내 환경과 조건의 사이즈를 뛰어넘는 일이기 때문이다. 그러려면 이전과 똑같은 실행으로는 어림도 없는 일이지 않나? 너무 당연한 말이지만, 아주 사소한 변화든 의미있는 성장이든, 반드시 이전보다 더 낫거나 다른 방식의 행동이 필요한 셈이다. 그런데 많은 이들이 이 당연한 사실을 받아들이는 데 어려움을 겪는다. 솔직히 싫어한다는 표현이 더 맞을지 모르겠다.

처음엔 좋아서 시작했던 일이 어느 순간 '일'이 되어버리고, 설렘으로 시작했던 도전이 버거워지는 순간들이 온다. 그 때 그들은 낙심한다. 너무 쉽게 '내가 괜히 시작했나?' 의문을 던지며 힘들다고 불평하기 시작한다. 어쩌면 처음부터 아무런 어려움 없이 모든 것이 이루어질 것이라는 착각을 하며 출발하지는 않았을까?

노력의 계산조차 없이 '변화'를 바랐던 사람들은 결국 이전과 똑

같은 생활로 되돌아갈 수밖에 없다. 원하는 만큼 성장하려면 결국 그 만큼의 불편함을 견뎌내야 하기 때문이다. 성장을 위한 통(痛)이다.

슬럼프 또한 그 '통(痛)' 중의 하나다. 무언가를 진심으로 원할수록, 무게만큼의 고요한 터널을 지나야 한다는 것을 인정하자. 그 시기를 지날 때 굳이 소란스럽게 애쓰지 않아도 좋다. 조용히 묵묵히 이전과는 조금 다른 자신을 만들겠다는 아주 사소한 결심 하나로 그 시간을 버티어도 충분하다. 슬럼프를 이기겠다는 거창한 의욕이 아니라 '조용한 지속'. 그렇게 지나고 나면 나도 모르게 더 단단해진 자신을 곧 발견하게 된다.

어쩌면 슬럼프는 끝나고 난 후에야 비로소 그 이름을 붙일 수 있는 것일는지도 모른다. 지나고 나서야, 그 시간이 나를 무너뜨리려는 것이 아니라 더욱 단단하게 하려는 과정일 뿐이었음을 보게 되니까 말이다. 아무것도 더 이상 하지 못할 것처럼 느껴졌던 시간 속에서도 마음은 조용히 회복의 방향으로 움직이고 있었다.

그러니 때로는 멈춘 듯 해 보이는 그 자리에서 스스로를 너무 채찍질하지 말자. 이미 충분히 잘 해내고 있고 잘 견디고 있음을 확언하자. 그리고 또 다시 걸어가자. 그것으로 충분하다.

"왕관은 누구나 원하지만 버텨낸 자의 머리에 놓이는 것이다."

08
독서광이 선택한 인생 대반전_'나는 사업가다.'

 나는 사람들이 흔히 말하는 '1인 기업가'다. 책을 쓰는 저자이자 콘텐츠를 기획하고 제작하는 창작자, 책쓰기 프로그램을 운영하는 대표이면서도 동시에 강사이자 코치이기도 하다. 올해는 1인출판사까지 시작하며 역할은 더 확장됐다. 비록 1인이지만 어떤 현장에서는 대표, 다른 순간에는 작가, 때로는 강사나 코치, 기획자, 편집자의 역할을 수행한다. 1인의 이름으로 다양한 포지션을 품고 오늘도 1인 기업가로 살아가고 있다.

 2022년 10월 충남 논산시에서 사업자 등록을 마쳤다. 〈글로벌 휴먼앤드림 연구소〉라는 이름으로 가게에 간판만 달아놓은 형태일 뿐, 사실상 아무런 준비가 되어 있지 않았다. 사업자등록증을 두 손에 받아들고서도, 그것이 어떤 위치를 의미하는지, 어떤 무게를 가지는지조차 제대로 느끼지 못했던 것 같다.

 사장이 되었다는 사실조차도 실감나지 않았다. 다만 작가로서 활동을 꾸준히 확장해가기 위해 이 과정이 반드시 필요하다고 느꼈다. 판매할 교육 프로그램 하나 준비되지 않았지만, 나에게 '사업자'라는 정체성을 부여하는 일은 꼭 필요한 시작이었다.

 사업가 마인드 없이 사업을 지속할 수는 없었다. 다행히 '1인기업

국민멘토' 김형환 교수님을 연초 특강을 통해 알게 되었고 그것이 전환점이 되었다. 수업과 프로그램을 통해 단순히 돈을 버는 기술이 아니라, 자신만의 사업을 포기하지 않고 지속할 수 있는 핵심 원칙들을 배웠다. 김형환 교수님의 1인기업 프로그램은 '경영 마인드'의 본질로부터 출발한다. 핵심은 바로 자신의 철학, 존재의 이유 그리고 핵심 가치를 명확히 하고 그 위에 사업의 구조를 세워가는 것이다. 수업은 나에게 '내가 왜 이 일을 하는가?'를 묻고, '이 일을 통해 무엇을 전하고 싶은가.'를 끊임없이 생각하게 만들었다. 그것이 진짜 1인기업의 시작이었다.

처음은 늘 낯설고 서툴다. 한번 듣는 수업과 프로그램으로 모든 것을 금세 체득할 수는 없다. 하지만 김형환 교수님께 배운 내용들은 시간이 흘러도 자주 떠오른다. 몇 년이 지난 지금도 여전히 그의 이야기를 꺼내는 것을 보면 교수님이 전해주신 사업가의 태도, 1인기업가로서의 자각 그리고 삶을 경영하는 방식은 지금도 나의 기준이 되고 있음이 틀림없다.

<글로벌휴먼앤드림 연구소>

비전 슬로건
인간의 가능성을 현실로, 환경의 한계를 자유로!

철학
우리는 모든 인간이 내면에 고유한 가능성과 비전을 지닌 존재임을 믿는다. '글'을 포함한 다양한 자기 표현과 자기계발 활동은 그 가능성을 인식하고 실현하는 강력한 수단이다. 하여 이 사업은 사람이 자신의 잠재력과 목적, 비전과 메시지를 발견하고 이를 실현 가능한 삶의 모델로 연결하여 환경과 조건의 한계를 넘어 자유로운 삶을 살 수 있도록 전인적 자기계발을 지원하는 교육 플랫폼으로 성장한다.

핵심가치
발견 : 나의 잠재력, 가능성, 비전, 메시지를 찾는다.
실현 : 책쓰기, 강연, 브랜딩, 콘텐츠 등으로 표현하고 실천한다.
확장 : 출간, 마케팅, 강연, 창업 등 시스템화하여 생존을 넘어선다.
자유 : 나만의 라이프스타일과 비즈니스로 자유로운 삶을 산다.
연결 : 분야별 전문가와 커뮤니티를 통해 지속적으로 성장한다.

지금은 1인 채널을 가진 시대, 1인사업을 하는 시대이다. 1인출판사, 1인기획사, 1인교육플랫폼까지, 누구나 자신의 이름으로 브랜드를 만들고 사업을 할 수 있는 시대다. 하지만 누군가는 이런 생각들을 문득 할지도 모르겠다.

'내 개인 채널에 누가 관심을 가질까?'

'나보다 더 전문적인 사람들이 넘쳐나는데, 과연 누가 나의 상품과 콘텐츠를 선택할까?'

그럼에도 불구하고 분명한 흐름이 있다. 시장은 점점 더 세분화되고 수요는 점점 더 디테일해지고 있다. 많은 사람들이 '전문가'보다는 공감할 수 있는 사람, 비슷한 경험을 나눈 사람, 자기와 닮은 사람을 통해 배우고, 구매하고 연결되기를 원한다.

예전에는 크고 유명한 브랜드와 기업과 전문가들이 선택을 받았다면 이제는 '나만의 스토리', '경험으로부터 나온 솔루션', '개인화된 콘텐츠'가 더 깊은 관계와 신뢰를 만들어낸다.

『백만장자 메신저』의 저자 브렌든 버처드는 이렇게 말한다. "당신의 메시지는 상품이 될 수 있고, 당신의 지식과 경험은 다른 사람들을 성공하도록 도울 수 있다. 그 대가로 의미있는 삶과 물질적인 만족을 동시에 얻게 될 것이다."

내 세계관을 모두 흔드는 것 같았다. 모든 사람의 경험은 자체로 충분한 의미가 있고 경험은 누군가에게 꼭 필요한 메시지가 될 수 있다는 것이다. 작디 작고 심지어 너무 사소해보였던 내 인생과 경험까지도. 완벽하지 않아도 최고가 아니어도 진정성 있는 경험을 가진 사람이라면 누구나 누군가의 멘토가 되며 메신저가 될 수 있다는 것.

성장하고 싶었고, 동시에 먹고사는 문제도 해결하고 싶었다. 하지만 늘 이 두 가지는 양립할 수 없는 것처럼 느껴졌다. 성장엔 희생이 따르고, 생계를 선택하면 꿈은 포기해야 할 것처럼 말이다. 그런데 브렌든의 이 한마디는 내 생각을 완전히 바꿔놓았다. 두 가지를 동시에 얻을 수 있다는 말이 너무나 큰 안도감을 주었고, 앞으로 나아갈 힘이 되어주었다. 왜냐하면, 나는 이 두 가지 모두를 해결하고자 하는 마음이 간절했기 때문이다.

새벽 두 세시에 일어나 책읽기를 즐기는 독서광이었던 나는 이 책을 시작으로 메신저의 삶을 살기로 결심했다. '강연, 워크숍, 코칭, 컨설팅, 온라인 교육상품, 프로그램 제공' 그가 책에서 제시했던 '메신저가 활용할 수 있는 여섯 가지 방법'이다.

몇 년이 지난 지금 다시 이 책을 펼쳐보고 깜짝 놀랐다. 당시에는 막연하고 생소하게 느껴졌던 이 모든 일들이 모두 현실이 되었다. 더 놀라운 것은 그 때도 분명히 있었던 내용일텐데 그땐 보이지 않았던 것들이 지금은 분명히 보인다는 사실이다. 가려져 있던 가능성들과 기회들이 이제는 또렷하게 드러나 밝히 보인다는 것. 너무도 놀랍다.

코로나19 팬데믹은 내게 하나의 기회가 되었다. 계기로 온라인 시장에 본격적으로 진입하게 되었고, 약 1년이 지나면서 장기목표 중 하나로 '온·오프 믹스 사업'을 구상하게 되었다. 사업을 시작한지 3년째인 올해 3월, 정부 지원 사업 계획서를 제출했다. 온라인에서 운영 중인 사업들을 오프라인에서도 활성화시키고, 온·오프라인이 융합된 형태로 사업을 확장하고자 하는 계획이다.

물론 첫 술에 배부를 수는 없다. 결과는 아쉽게도 다음을 기약해야 했지만, 나에게는 그 방향으로 한 걸음 내디뎠다는 사실 자체가 큰 의미이다. 제안서를 꼼꼼하게 기획하고 전략적으로 계획을 세워 제안하는 것 역시 실력이며 또한 쌓아야 할 소중한 과정이다. 이러한 과정은 언제나 작은 결과물들을 남기고 그 안에서 얻는 배움은 또 다른 가치를 가진다. 그 가치는 또 다시 누군가에게 꼭 필요한 지식과 경험이 되겠지. 나는 그것이 선한 영향력임을 믿는다.

평범한 한 사람의 인생이 이렇게 달라질 수가 있을까. '이렇게 살 수 있었는데...' 의식의 차이 하나로 삶이 완전히 달라질 수 있다는 사실이 한편으로는 아찔하고 또 한편으로는 감사하다. 나는 가난한 가정에서 태어나 가난하게 성장했다. 자신의 삶을 되물려 주고 싶지 않다던 엄마 덕분에 대학까지 마치고 간호사가 될 수 있었다. 하지만 남들과 다를 것 없이 직장을 다니고 아이를 키우며 생존을 위해 버둥거렸던 인생이었다. 꿈이라는 건 머릿속에서만 잠깐 그리다 사라지는 형체없는 허상일 뿐이었다.

겨우 '책읽는 것' 하나, 내가 나를 위해 할 수 있는 유일한 일이었다. 책을 읽다 어느 날 나도 꿈과 성공을 이루고 싶다는 간절한 소망을 품었다. 그리고 이 모든 일들을 시작하게 된 것이 여기까지 흘러왔다. 포기하고 싶었던 적도 많다. 실제로 모든 것을 내려놓고 1년 정도 쉬기도 했다. 그러나 그 시간 동안에도 사업을 잠시 쉬었을 뿐이지 꿈과 성장을 위한 일에는 결코 멈추지 않았다.

결국 내가 선택한 인생 대반전의 키워드는 '사업가'였다. 책을 좋아하고, 사람들과 지식을 나누는 걸 좋아했던 내가 사업이라는 도전을 받아들일 수 있었던 건, 그 안에 '내가 좋아하는 것을 더 오래, 더 넓게, 더 깊게 나눌 수 있는 가능성'이 있었기 때문이다. 혼자 좋아하던 책읽기와 글쓰기가 이제는 프로그램이 되고, 콘텐츠가 되고, 누군가에게는 삶을 바꾸는 메시지가 되어가고 있다.

이제 나는 더 이상 "내가 이걸 해도 될까?"를 고민하지 않는다. 대신 "이 일을 통해 누구를 도울 수 있을까?", "이 경험을 어떤 가치로 바꿀 수 있을까?"를 묻는다. 책 한 권이 내 삶을 바꿨듯, 내가 만든 콘텐츠와 프로그램이 또 다른 누군가의 전환점이 되길 바라며, 오늘도 '1인 기업가'로서 나의 브랜드를 경영하고 있다.

인생은 단 한 권의 책으로도 달라질 수 있다. 책은 결국 나를 '작가'이자 '사업가'로 이끌었다. 그러니, 당신도 당신만의 메시지를 찾았다면 이제는 그것을 삶의 비즈니스로 연결해보기를. 나처럼, 인생은 언제든 대반전이 가능하니까.

이 모든 것들이 가능한 이유는, 지금이 바로 '콘텐츠가 돈이 되는 시대'이기 때문이다.

콘텐츠가
돈이되는
시대

3장

무언가를 원하면,
길은 스스로 열린다

그림책 교육 전문가 **정채빈**

01
바람 잘 날 없이 바쁜 '콘텐츠 제작자'

"시윤아, 아린아, 이제 일어날 시간이네~ 일어나볼까?"

아침은 평범한 엄마의 일상으로 시작된다. 새벽 6시면 눈을 뜨고 출근 준비를 마치고 간단한 아침 식사를 차린다. 그리고 아이들을 깨운다.

10년 차 보육교사이다. 현재는 육아로 인해 시간제 오전 보조교사로 근무 중이다. 정신없이 아이들 등원 등교를 시키고 나의 일터 어린이집으로 향한다. 오전 보조교사로 근무하고 있지만, 원에서 '그림책 선생님' 역할도 맡아 수업 진행을 하고 있다. 2~3년 전부터 그림책 공부를 해왔고, 직접 기획하고 수업자료를 만들어 진행한다.

늘 공부만 하다 좀 더 실질적인 경험이 필요했던 시기에 원장님께 그림책 수업을 제안했고, 좋은 기회를 얻게 되었다. 예상보다 아이들과 학부모님의 반응이 좋았다. 연령에 맞는 그림책을 찾아 수업계획안을 직접 만들어 수업을 진행하며, 여러 시행착오를 겪으며 나만의 콘텐츠를 만들어 가고 있다. 그림책 한 권으로 연령별, 주제별 다양한 수업자료를 만들어보고, 직접 시연해보며 그림책 강사로서의 역량을 키워가고 있는 지금! 너무 즐겁고, 행복하다.

이 글을 읽고 있는 당신은, 어떤 일을 시작하기에 두려움을 안고 있는 건 아닌가요? 처음은, 누구에게나 시작하기 어렵고, 낯선 감정이 드는 것 같아요. 내가 바라는 나의 모습을 많이, 아주 많이 상상해 보았던 것 같아요. 상상만으로도 미소 짓게 되는 기분 좋은 상상!
자연스럽게 내 안에 숨어있던, 용기가 조금씩 얼굴을 내밀고 힘이 되어주었던 것 같아요.

오전 근무를 마치고 나면 바로 동탄 2에 위치하는 '그림책 하루'라는 북카페형식의 그림책 수업 센터로 향한다. 이곳이 제2의 직장이다. 센터에 도착하면 하루 선생님과 함께 이번 주 그림책 수업에 관한 이야기를 나눈다.

"선생님 안녕하세요?"
"이번 주 그림책은 【걱정 돌멩이】예요. 반려 돌멩이를 만들어 보는 활동이에요. 아이들이 생각하는 걱정은 무엇인지, 걱정이란 주제로 이야기 나누고 준비된 돌멩이를 꾸며 보는 활동을 해보는 거랍니다."
"와~ 이 그림책은 아이들뿐 아니라 성인들이 보아도 너무 좋은 메시지를 담고 있네요. 3월 새 학기에 아이들과 함께 보며 새로운 환경에 적응할 때 생기는 걱정에 대해 좀 더 깊이 있는 이야기 나눌 수 있겠어요~!"

선정된 그림책 이야기와 작가의 의도를 연구하며, 수업과 연계된 활동을 선생님으로부터 전달받는다. 그리고 다음 회차에 진행할 그림책을 정한 뒤, 관련 활동 아이디어를 논의한다. 그림책을 단순히 읽는 것이 아니라, 그 속에 숨겨진 메시지를 발견하고 이해하며, 이를 어떻게 효과적으로 전달할지 깊이 고민하는 과정이다. 늘 아낌없이 그림책에 대한 통찰과 이야기를 나눠주시는 선생님께 진심으로 감사한 마음이 든다.

단순 수업을 배우는 것이 아니라 하나의 공간이 운영되기까지 고객인 학부모와 아이들의 관리, 콘텐츠 하나로 어떤 방식으로 사람들과 연결이 되는지를 깊이 배우고 있다. 모든 과정이 새롭고 어렵지만, 이 시간이 나의 성장에 큰 밑거름이 될 거라 믿는다.

그림책 하루, 하루 선생님과의 인연은 나의 작은 용기에서부터 시작되었다. 그림책 공부에 실질적인 현장경험이 필요하다고 느꼈을 무렵, 우연히 인스타에서 '그림책 하루'를 보게 되었다. 집과의 거리도 가까웠고, 어떤 용기였는지 무작정 연락을 해서 도움을 요청했다. 주저 없이 허락해 주셨고, 그림책이란 매체가 서로의 생각과 마음을 잇는 다리가 되어 주었던 것 같다.

그렇게 4개월 정도 지났을 무렵, 선생님께서 나에게 새로운 제안을 하셨다.

'주말에 직접 그림책 수업을 진행해보는 건 어때요?'

순간 가슴이 두근거렸다. 직접 수업을 해볼 기회가 오다니…….

경험 할 수 있도록 작은 기회를 얻게 된 지금, 그렇게 조금씩 '그림책 교육전문가'라는 나만의 길을 걸어가고 있다.

두려움 때문에 시작하지 않았다면….
이러한 기회는 나에게 오지 않았을 거예요.
시작이란 첫 발걸음을 뗐기 때문에 기회라는 것을 잡을 수 있었다고 생각해요.
간절히 무언가를 생각하고 있나요?
간절히 무엇을 하고 싶은 게 있나요?
더 이상, 미루지 마세요.

집으로 향하는 길은 뿌듯하면서도 마음 한쪽이 미안함으로 가득 차오른다.
'얼마나 엄마를 기다리고 있을까?'
너무 늦어 미안한 마음에 가끔은 눈물이 날 때도 있다. 그런 날은 더욱 많이 안아주고, 사랑한다는 말을 전하는 것이 나 자신과의 약속이기도 하다. 집에 도착하자마자 무거운 가방을 소파에 휙 내려놓고, 곧바로 아이들을 씻기고 저녁 식사 준비에 정신없는 시간이 이어진다.
"시윤아, 오늘 학교에서 어땠어? 친구들은 새로 사귄 거야?"
"자~ 먼저 씻고 밥 먹자! 어서 씻고 나와. 밥 먹고 엄마랑 해야 할 활동도 해야지?"
"엄마, 영상 하나 보고 하면 안 돼요?"

"하고 싶은 거 있으면, 해야 할 일부터 끝내고 하기로 약속했지?"

올해 초등학교 1학년이 된 첫째 아들은 나와 나란히 앉아 국어, 수학, 영어 등 기본 학습을 엄마표로 진행한다. 애교 만점 사랑스러운 둘째 딸은 오빠의 영향으로 자연스럽게 책상에 앉아 있는 틈을 타, 교구 놀이를 앞에다 준비해 둔다.

드디어 하루가 끝났다. 하지만 이제야 나만의 또 다른 시간이 시작된다. 따뜻한 차 한 잔을 들고 조용히 노트북을 켠다. 하루를 기록하는 이 시간이 피곤하지만, 동시에 너무나도 소중하다. 이 순간만큼은 엄마도 아닌, 직장인도 아닌, 오롯이 '나'로 존재하는 시간이기 때문이다.

교사로서 여러 활동을 하고 있지만 두 아이를 키우는 엄마이다. 오전에는 교사로, 오후에는 그림책 교육자로, 저녁에는 엄마로, 그리고 밤에는 '콘텐츠 제작자'로 살아간다. 남들과 같은 24시간 속에서 나만의 시간을 만들어 내며, 정말 치열하고도 의미 있게 하루를 채워가고 있다.

이러한 삶이 쉽지는 않다. 아이들을 챙기고 집안일을 하다 보면 녹초가 되기 십상이다. 하지만 나만의 길을 만들어 가야겠다는 마음 깊은 속의 열망이 나를 다시 일으켜 세워 자리에 앉게 한다.

'지금 이 순간, 하지 않으면 언제 다시 할 수 있을까?'

이런저런 핑계는 사치이다. 핑계로 미루다 보면 시작할 수 없고,

기회는 영원히 오지 않는다. 아직은 어린아이라 할지라도 아이들에게 늘 강조하며 해주는 말이 있다.

"지나간 시간은 다시 돌아오지 않아."
"너에게 주어진 시간을 잘 사용해야 해.
누구에게나 똑같은 하루 24시간을 너의 성장을 위해 써야 해"

요즘 시대에 필수 SNS 인스타그램 플랫폼을 활용해 그림책 리뷰를 올리고 있다. 영유아 부모들에게 도움이 될 만한 교육 정보를 제공하는 콘텐츠이다. 다양한 출판사들의 서평단에 참여하기도 한다. 서포터즈 활동을 통해 빠르게 변화하는 출판 및 교육 정보들을 빠르게 전달 할 수 있기 위해 콘텐츠 관련 활동을 지속해서 참여하는 것이다.

아직도 배움은 끝나지 않았다. 나에게 도움이 될 만한 교육은 스스로 찾아 듣고, 끊임없이 공부해야 한다. 차곡차곡 쌓인 기록들은 결국 또 다른 콘텐츠가 되고, 나만의 브랜드로 자리 잡게 될 것이다.

"아무것도 하지 않으면 아무 일도 일어나지 않는다."
〈기시미 이치로〉

도전하지 않으면 변하지 않는다.
도전하지 않으면 아무 일도 일어나지 않는다.

02
'방긋 아기씨' 윤지회 작가, 그림책을 만나다

"햇살반, 이제 낮잠 잘 시간이야. 도서 영역으로 이동해볼까?"

블라인드를 내리고 조명을 은은하게 낮춘 아늑한 공간. 잔잔한 아기 클래식이 흐르고, 아이들은 매트 위에 옹기종기 모여 앉아 선생님이 오기만을 기다린다. 자연스럽게 그림책을 손에 들고 아이들 곁으로 다가간다. 짧은 손유희를 함께하며, 그림책 속 이야기로 빠져드는 아이들의 모습.

그 시절, 나의 일상이었다. 시간을 거슬러 올라가 10년 전, 보육교사로 근무하며 매일 그림책을 가까이했다. 영아반 아이들에게는 낮잠 자기 전, 유아반 아이들에게는 아침 일과 전에 그림책을 읽어주는 것이 작은 습관이었다. 프로그램으로 정해진 것이 아니라, 오롯이 내 선택이었다. 그림책을 읽어주는 시간이 너무 소중했고, 아이들도 그 순간을 좋아했고, 행복했었다.

그리고 시간이 흘러 결혼을 하고 두 아이를 출산하고 육아를 하며 나의 일상이 그전과는 조금 다르게 흘러가고 있었다.

첫째 아이때와 다르게 둘째 아이를 출산한 후, 나는 새로운 감정과 마주해야 했다. 첫째를 유치원에 보내고 온종일 둘째와 집에서 시간을 보내면서 육아에 점점 지쳐가는 자신을 발견하게 된 것이다. 엄마표 놀이를 준비하고 함께 놀이하면서도, 뭔가 설명할 수 없는 공허함이 있었다.

늘 배움을 즐기던 나였지만 어느 순간부터 나를 위한 배움이 사치처럼 느껴졌다. 육아하면서 나만의 시간을 갖는 것이 죄책감으로 느껴졌고, 점점 무기력함에 빠져들었다. 그러던 중, 아이들에게 짜증을 내는 내 모습을 발견했다. 그제야 깨달았다.

'이렇게 무너지면 안 돼. 이 시기를 슬기롭게 헤쳐 나가야 해.'

다시 공부를 해야겠다는 마음이 들었다. 나를 위한 시간이 필요하다는 것을 깨달은 것이다. 그러던 중 우연히 온라인 강의에서 '그림책 심리 전문가' 과정을 발견했다.

'그림책과 심리?' 한때 심리학을 공부했던 나에게 그림책과 심리의 조합은 특별하게 다가왔다. 매 차시마다 다양한 그림책이 소개되었고, 그림책을 통해 심리를 해석하는 방법을 배우면서 그림책을 보는 시각을 키울 수 있었다.

그날도 여느 때와 같이 온라인으로 강의를 듣고 있었다. 아이들이 잠든 밤, 어두운 방 안에서 오직 노트북 불빛만이 환하게 내 시간을 비추고 있었다.

"오늘 소개해 드릴 그림책은 윤지회 작가님의 『방긋 아기씨』입니다."

"윤지회 작가님은 어린아이를 두셨는데, 암 판정을 받고 젊은 나이에 세상을 떠나셨습니다."

그림책 소개가 이어지는 순간, 나는 한동안 화면을 멍하니 바라봤다.
'아이를 두고 세상을 떠나다니…'
'그녀는 마지막 순간, 어떤 마음이었을까?'
'그토록 사랑스러운 아이를 남겨두고 떠나는 그 마음이 어땠을까?'

하염없이 눈물을 흘렸다. 육아에 지쳐 힘든 순간이 많았지만, 아이를 두고 세상을 떠나는 그 순간을 상상하는 것만으로도 가슴이 찢어질 듯한 고통이 밀려왔다.

'하늘로 가는 길이 얼마나 힘들었을까?'
'남겨진 아이를 두고, 제대로 눈이라도 감을 수 있었을까?'

그날 이후, 나는 달라졌다. 이전에 보고 느꼈던 것들이 전부 달라졌다. 아침에 눈을 뜨는 것조차 감사했다. 내 옆에 건강한 아이들이 있다는 것이 감사했다. 함께 밥을 먹고, 함께 웃을 수 있는 하루가 모두 감사했다. 나는 더 열심히 육아했고, 아이들과 보내는 시간을 소중히 여겼다. 그리고 아이들이 잠든 후, 나의 시간을 가지기로 했다. 처음에는 힘들었지만, 조금씩 마음에 있던 짐이 가벼워지고, 즐

거운 생각과 새로운 도전에 대한 열망이 샘솟기 시작했다. '그림책이 내 삶에 이렇게 깊이 들어올 줄이야.'

윤지회 작가의 『방긋 아기씨』는 엄마와 아기가 함께 보내는 모습을 그린 그림책이다. 처음 아기의 표정은 무표정하거나 어딘가 불안해하는 모습처럼 보여준다. 하지만 엄마가 차츰 마음의 여유를 찾고 미소를 지으며, 아이에게 따뜻한 눈빛을 보내기 시작하자 아기의 얼굴에도 '방긋' 웃음이 피어난다.

이야기는 아이의 표정과 엄마의 행동을 중심으로 진행되지만, 아기의 웃음과 표정, 감정은 사실상 '엄마의 감정 상태'를 반영하는 거울처럼 표현하고 있다. 이야기는 말하지 않습니다. 하지만 그림에서의 엄마의 표정, 아기의 눈빛, 감정의 미세한 변화를 통해 '엄마의 마음 상태가 얼마나 아이에게 깊은 영향을 주는지를 섬세하고 강력하게 전달하고 있습니다.

'인생 그림책을 만난다는 것'은 마치 자신의 삶을 다시 한 페이지씩 넘겨보는 것과 같다.

『방긋 아기씨』를 통해 새로운 시각으로 삶을 바라보게 되면서 그림책은 단순한 동화가 아니라는 것을 알게 되었다. 때로는 마음을 어루만지는 심리 상담사이며, 때로는 새로운 삶의 의미를 깨닫게 해주는 스승이 되기도 한다.

나는 여전히 그림책을 읽는다.
그리고 더 나아가 많은 사람에게 '그림책이 주는 힘'을 전하고 싶다.
'그림책이 위로될 수 있을까?' 이 질문에 해답을 찾기까지 오래 걸리지 않았다. 『방긋 아기씨』를 만난 이후 그림책은 단순히 어린 아이들만을 위한 도서가 아닌 마음을 치유하고 위로가 되어 준다는 것을 느꼈기 때문이다. 육아와 삶에 지쳐 마음 한구석이 뻥 뚫린 것 같은 느낌이 들 때, 아무 말 없이 누군가에게 위로받고 기대고 싶을 때 조용히 그림책을 펼쳐보면 어떨까?

그림이 주는 따뜻한 한 문장이 자신을 토닥이는 위로를 얻게 될 것이다. 또 때로는 '잘하고 있어, 잘 해내고 있어, 충분히 괜찮아~!'라고 말해줄 것이다.

그 이후로 나는 힘들 때마다 그림책을 찾았다. 그리고 그림책은 언제나 나에게 새로운 메시지를 전해준다.

어느 날 동생에게서 전화가 왔다. 평범한 일상 이야기로 시작된 우리 대화가 점점 제자리 만 돌고 있는 듯한 느낌을 주었다. 짧고 힘없는 한숨, 무언가 말하려다 머뭇거리는 떨림이 느껴졌다.

"무슨 일 있니?"
"언니….. 요즘 나도 모르게 자꾸 화를 내. 감정 조절이 잘 안돼."
두 아이를 키우기 위해 오래 다녔던 직장을 퇴사하고 2년 동안 육아에만 전념하던 동생이었다.
"왜 이렇게 힘들까? 좋은 엄마가 되고 싶은데…. 마음처럼 잘 안되는 것 같아"

그녀에게 위로가 될 만한 그림책을 선물하기로 했다. 생뚱맞은 그림책 선물에 동생은 잠시 어리둥절한 표정을 지었지만, 책장을 넘기면서 동생은 눈가가 촉촉해졌고, 마지막 페이지를 덮을 때는 한없이 눈물을 흘렸다.

"언니, 그림책이 정말 말할 수 없는 감동을 주네. 이렇게 펑펑 울고 나니 답답한 마음이 한결 가벼워졌어. 가끔 좋은 그림책 소개해줘"

육아하다 보면 엄마들은 쉽게 자신을 잃어버린다. '엄마'라는 이름으로 불리기 시작하면서 '나 자신'을 잃어버리고, 점점 사라져 버린다. 온종일 아이들을 위해 시간을 보내면서 엄마라는 역할은 점점 커지고 나라는 존재는 희미해져 버리는 것이다. 그러한 현실을 맞닿게 되면 커다란 공허함이 자리 잡게 되는 것이 아닐까.

그런 날들에 엄마들은 종종 그 자리에 멈춰서, 잃어버린 자신을 다시 찾으려 애쓰는 순간을 맞는다. 그 과정에서 조금씩 다시 자신을 찾고, 자신의 목소리를 되찾아가는 시간이 쌓여간다. 그리고 아이와 함께 성장해 가는 엄마도, 결국 자신의 자리를 찾아가는 법이다.

그림책이 가지고 있는 힘을 나는 믿는다. 『방긋 아기씨』가 나에게 그랬던 것처럼 그림책이 당신에게도 새로운 메시지를 전해줄 거라 믿는다. 그림책 속에는 다양한 감정과 이야기가 담겨 있다. 그리고 그 이야기는 때로 깊은 위로가 되어 주고, 때로는 용기와 공감을 전해준다. 그림책 한 권이 건네는 따뜻한 문장 하나 한 장면의 그림 하나가 누군가에게는 삶을 바꾸는 작은 시작이 될 수 있을 거라고 믿는다.

오늘, 그림책 한 권을 펼쳐보세요.
자신을 위한 한 문장이 기다리고 있을지도 모릅니다.

03
나는 그림책 전문가가 되기로 했다

째깍째깍 시계 돌아가는 소리가 들리는 새벽
모두 잠든 시간 고요함만 흐르는 지금! 문득 이런 생각이 들었다.

'내 인생 어디쯤 와있는 걸까?'
'온전한 나로서 살아가고 있는 걸까?'

매일 비슷하고, 반복되는 하루의 연속이었다. 직장에 다니고, 아이를 키우고, 엄마라는 이름으로 살아가는 일상은 언제부터가 멈춰선 듯한 기분이 들었다. 열심히 살고 있지만, 진정 나답게 살아가고 있는가? 라는 질문이 들었다.

어릴 적부터 늘 해왔던 질문이 있다. '이 세상에 나라는 사람은 단 하나뿐이야. 나로의 삶은 지금 이 순간뿐이야.' 삶에 의미를 담고 싶었다. 아이들을 좋아해서 시작하게 된 교사 생활이지만 이제는 내 이름으로 내가 주체가 되는 일을 하고 싶어졌다.

그때 머릿속을 스치는 것이 바로 그림책이었다. 누군가에게는 단순히 아이들이 즐겨 보는 책일 수 있지만 그림책을 펼치는 순간마다 가슴 뛰게 하는 설렘이 있었다. 멈췄던 시계가 돌아가듯이 마음 한

켠에 간직해 두었던 감정이 조금씩 조금씩 얼굴을 내밀 듯 작은 열망이 피어오는 듯한 느낌을 받았다. 새 삶의 돌파구가 되어줄 거라 직감했다.

20대의 소녀처럼 설레는 마음으로 다시 꿈을 꾸게 되었다. 마음먹기까지 쉽지 않았다. 누구든 새로운 시작은 설렘 뒤에 두려움이 큰 법이기 때문에 많은 고민과 쉽지 않은 결정이었다. 하지만 우연히 펼쳐 든 그림책 한 권이 조용히 나에게 말을 걸어주었다.

'누군가의 마음에 말을 걸어주는 따뜻한 사람이 되고 싶어졌다.'

지금까지 인생을 살아오면서 느끼고 경험했던 모든 것들이 힘이 되어주고, 등불이 되어 길을 비춰줄 거라 믿는다. 그 생각이 곧 결심이 되었고, 아직은 미숙하고 헤맬 때도 있겠지만 조금씩 그 길을 걸어가고 있다. 아이들에게 읽어주기 위해 꺼냈던 그림책이 이제는 새로운 인생의 제2막의 길을 여는 나침반이 되어주었다. 오늘도 조금씩 나는 매일 성장하고 있다.

마흔! 이란 숫자가 낯설게만 느껴진다. 어린시절에는 막연히 '모든 것 다 이룬 어른'의 모습일거라 상상했었다. 하지만 실제로 이 나이에 다다른 나는, 여전히 배우고, 여전히 고민하고, 여전히 새로운 길을 찾아 헤매고 있다. 어쩌면 마흔은 완성의 시기가 아니라, '다시 쓰는 시작'의 시간인지도 모르겠다. 사회가 기대하는 틀 안에서 누군가가 정해준 이름 속에서, 바쁘게 살아온 날들 속에서 한동안 나를 잊고 있었다. 조용히 그림책이 다가왔고, 아이들에게 읽어주었던 수많은 그림책이 단순한 책이 아니었다. 삶을 배우고, 감정을 나누고, 마음을 어루만져주는 또 다른 언어였다. 그리고 다시 그 언어를 통해 세상과 소통하고 연결되고 싶어졌다.

그게 바로 '나만의 콘텐츠' 그림책 전문가라는 새로운 길로 연결되어 출발선에 서 있다. 처음부터 거창한 계획이 있었던 건 아니었다. 단지 오래도록 좋아하고 익숙한 그림책이 지금의 내 삶에 깊이 들어와 있고, 경험과 너무 잘 맞닿아 있다는 걸 이제야 깨달았을 뿐이다. 교사로서 아이들에게 즐겁게 읽어주었던 그림책, 엄마가 되어 아이들에게 읽어주면서 함께 보낸 소중한 시간들, 그리고 힘듦이 찾아와 우연히 펼쳐 든 그림책 한 권이 내 삶의 전환점이 될지도 모른다는 예감이 들었다.

'이제는 마음이 움직이는 일을 하자!'
'즐겁게 할 수 있는 일, 오랫동안 할 수 있는 일을 할 차례이다.'

두 번째 20살을 맞이하는 지금에 이 시점이 내가 가진 역량과 열정을 오롯이 쏟아낼 무대인 것을 절실히 느끼게 되었다. 새로운 변화는 멀리 있지 않았다. 늘 내 주변에 익숙하게 자리를 잡고 있었다. 내가 가보지 않은 길이라 두렵기도 하고 쉽지 않을 거란 걸 알고 있다. 하지만 한 걸음, 한 걸음, 또 걸어가다 보면 어느 순간 길이 생기게 되고, 나의 목소리가 많은 사람에게 닿을 날이 올 거라 믿는다.

그 순간부터 사업이라는 단어를 진지하게 고민하게 되었다. 화려하지 않아도 좋다. 단단하면서도 꾸준하게 쌓아온 것들을 콘텐츠로 풀어내 보고 싶다고 생각했다. 늘 내 삶에 함께였던 그림책과 교육, 그리고 부모와 아이와의 관계라는 주제를 이름을 걸고 전하고 싶다는 마음이 커졌다.

처음에는 막막했다. 하나하나 할 수 있는 일들을 써 내려가면서 공부도 하고 여러 가지 시도를 해보았다. 온라인이라는 매체를 활용하며 사람들과 연결되기 시작하였다. 조금씩 아주 조금씩 길이 열리고 있다는 확신이 생겼다.

이제 '엄마이기 때문에 못 한다'가 아니라 '엄마이기 때문에 할 수 있는 일'을 시작하였다. 나의 경험, 나의 시선, 나의 진심이 담긴 콘텐츠를 만들어 가고 싶다. 나와 결이 같고 마음이 맞는 사람들과 소통하면서 제2 인생을 천천히 확실하게 만들어 가고 있다.

마흔
이제는 두렵지 않다.

그림책 전문가가 되기로 마음먹은 그 순간부터 나의 하루는 이전과는 전혀 다른 색으로 채워지기 시작했다. 어려웠다. 어디서부터 시작해야 할지 막막했다. 하지만 고민보다는 실행을 선택했다. 내가 할 수 있는 일. 작은 일부터 계획을 짜고 하나씩 실천해 나갔다.

'작은 실천이 결국 하나씩 모여 나의 방향이 될 거야'라는 확신으로 시작했다.

인스타라는 작은 플랫폼이라는 공간에 전하고자 하는 콘텐츠를 하나씩 만들어 냈다. 그림책을 소개하고, 수업 사례를 정리하고, 부모 교육에 필요한 정보들을 만들어 가기 시작했다. 아이들이 좋아할 만한 책, 주제에 맞는 그림책 큐레이션, 그리고 서평단에 참여해 새로 나온 신간 그림책들을 소개하는 글, 등등 다양한 주제와 방법으로 조금씩 관심이 있는 사람들과 소통하며 하나의 콘텐츠를 자산으로 쌓아가기 시작한 것이다. 처음에 어렵다고 생각했던 소소한 일상들인 것들이 하나의 콘텐츠가 될 수 있다는 것을 느끼며 깨닫게 되었다.

 콘텐츠를 만들면서 작은 변화들이 생겼다. 가장 먼저 변한 것은 나에 대한 신뢰감이었다. 나는 늘 부족하다고만 생각했었는데, 머릿속에 맴도는 것들을 나만의 방식으로 콘텐츠로 만들어 내고 나의 이야기를 기다리는 사람들이 있다는 것을 느끼게 되었다. 그리고 두 번째로는 시간을 활용하는 태도이다. 이전에는 아이들을 재우고 나면, 수업 준비나, 휴식을 취하는 시간으로 보냈는데, 이제는 그 시간이 콘텐츠를 만드는 시간이 되었다. 아이들이 잠드는 밤 10시부터 새벽까지 조용히 노트북을 켜고 콘텐츠를 정리하는 가장 중요한 시간이 되었다. 세 번째로는 무심코 들었던 이야기, 책의 문장, 그림의 한 장면 등 작은 일상에서 겪는 다양한 매체나 장면들이 콘텐츠가 될 수 있다는 생각으로 바뀌고 있다.

'그림책, 그게 수익이 돼?'

누군가는 이렇게 묻기도 한다. 물론 수익도 중요한 부분이다. "내가 만드는 콘텐츠는 단순히 돈을 벌기 위한 수단이 아니라 나답게 살기 위한 하나의 방식이에요." 라고, 말한다. 콘텐츠는 가치를 주는 일이라고 생각한다. 나로 인해 작은 변화를 경험하는 사람들이 생기는 것, 그 과정 쌓여 '나의 브랜드가' 만들어지는 것이다.

이 글을 읽고 있는 당신도 마음속 어딘가에서 '무언가 해보고 싶다.'라는 생각이 든다면, 그건 지금 당장 시작해야 한다는 작은 신호일지도 모른다. 완벽하지 않아도 괜찮아요. 누구에게나 시작은 어설프고 낯설기 때문이다. 중요한 건 당신이 가진 생각과 경험을 나누고자 하는 마음이면 된다.

한 걸음씩 걷다 보면 어느새 내가 꿈꾸던 방향으로 길이 만들어지고 원하는 목적지에 닿아 있을지도 모른다. 작은 실천이 결국엔 내가 가야 할 길을 만들어 준다고 믿는다.

내가 좋아하는 일이 '꾸준함'이라는 친구를 만나면 그 일은 곧 '잘할 수 있는 일'이 될 수 있다.

04
오늘부터 1일 콘텐츠를 시작합니다

"나는 그저 매일 강의를 준비하고 또 기록했을 뿐이에요"

김미경 강사는 이렇게 말한다. '기록' 이야말로 오늘날 그녀를 대한민국 대표 여성 강사이자 MKYU(김미경 유니버시티) 라는 콘텐츠 플랫폼의 대표로 만든 강력한 도구였다.

그녀의 시작은 지금 우리가 보는 '스타강사 김미경' 와는 거리가 멀었다. 그녀 역시 문화센터, 기업교육현장, 지방의 소규모 강연장을 전전하며 강의 기회가 주어질 때마다 '이 강의가 내 인생 마지막 강의가 될 수 있다'라는 마음으로 임했다고 한다. 강의가 끝나면 반드시 그날의 강의 내용을 정리했다.

'강의의 핵심키워드, 수강생들의 반응, 어떤 표현에 웃음이 터졌는지, 전달이 어려웠던 점은 무엇이었는지?' 등 진행했던 강의의 모든 것을 메모하고 분석하고 다시 다듬었다. 그 메모들은 단순한 강의 노트가 아니었다. 그녀의 기록은 '콘텐츠 자산' 이였다. 김미경 강사는 말한다. 강의가 단순 말하기가 아니라 '살아온 삶의 언어이고, 그 언어를 정리하고 기록하는 과정이 나만의 브랜드를 만드는 일'이라고 하였다.

기록의 가치를 배울 수 있는 문장이었다. 그녀는 차곡차곡 자신의 언어를 블로그로 정리하고, 이를 영상 콘텐츠로 확장해 유튜브를 운영하며, 『언니의 독설』, 『김미경의 마흔 수업』, 『김미경의 리부트』, 『김미경의 딥마인드』와 같은 책으로 출간되어 수많은 독자와 연결되고 있다. 매일 자신의 삶과 일을 기록하고 진심을 꺼내어 놓았을 뿐인데 그 진심이 사람들을 움직였고, 결국 '김미경 강사'라는 브랜드가 만들어지게 된 것이다.

나 역시 예전에는 막연히 '브랜드를 만들고 싶다'라고 생각만 했다. 하지만 이제는 알 수 있다. 브랜드란 하루아침에 완성되는 것이 아니라 매일의 기록 속에서 조금씩 성장하고 있다는 것이라는 것을. 그래서 오늘도 아이들이 잠든 새벽 작은 노트에 나의 하루를 담는다.

작은 노트에 일상을 기록하고 있다. 오늘 읽은 그림책 한 권의 느낌, 그림책 수업 준비를 하면서 떠오르는 생각, 일과 중 놓지 말아야 할 메시지들. 나만의 방식으로 기록 하며 엄마로서 전문가로서 작지만 한 걸음 한 걸음 나만의 콘텐츠 여정을 만들어 가고 있다.

오늘부터 1일 콘텐츠가 시작되었다.

시간이 날 때면 도서관에 들른다. 제목에 이끌려 집어 든 책. 『나는 나로 살기로 했다』 김수현 작가님의 책이었다. 제목에서 느껴지는 묘한 끌림이 있었다. 특별한 언어도, 과장된 이야기가 있지도 않았다. 그녀의 한 문장 한 문장이 마음 깊은 곳에 닿았다.

김수현 작가의 책은 누군가에게 보여주기 위해 쓴 글이 아니라 자신의 마음을 위로하고 지키기 위해서 썼던 글이었다. 주변의 기대 속에서 흔들렸던 자신의 모습, 그리고 나로 사는 것에 대한 어려운 질문들을 하루하루 마음을 기록하며 천천히 자신을 알아가고 회복해 나아갔다. 그 글이 SNS에 공유되고 사람들의 공감을 얻으며, 자연스럽게 책으로 출간되어 많은 사람의 마음을 위로하는 콘텐츠가 되었다. 그녀의 글을 통해서 '말을 잘하는 사람보다 마음을 잘 표현하는 사람이 공감할 수 있는 콘텐츠를 만든다. 라는 사실을 배웠다.

그 후 나는 그 방식을 따라 삶 속에서 마주한 그림책 수업과 아이들의 이야기, 그리고 그 안에 담긴 내 마음을 기록하기 시작했다. 작은 손으로 책장을 넘기는 아이들과 함께 읽고 활동하는 그림책 수업, 엄마가 되어 나라는 존재를 찾아가려는 이들과 나누는 감정 이야기, 그림책으로 인연이 된 선생님들과의 수업 이야기 등 다양한 대상과 그림책을 통해 서로의 마음을 연결하고 생각을 꺼내며 나누는 시간을 담고 있다.

김수현 작가는 '기록은 나를 잃지 않기 위한 작고 단단한 도구'라고 말했다. 이 문장을 본 순간 기록에 대한 생각이 확고해졌다. 그림책 수업을 준비하면서, 일상생활에서 떠오르는 생각이나, 좋은 수업 소재들을 짧게나마 천천히 기록하고 있다. 수업 전후의 짧은 기록이 점점 더 큰 의미가 되어가고 있다. 기록하면서 수업의 전반적인 생각을 정리 할 수 있었고, 미처 생각하지 못했던 부분들을 성찰 할 수 있는 시간이 되었다. 부족한 부분들을 객관적으로 바라볼 수 있는 계기가 되고 있다. 그림책은 여전히 누군가를 위한 수업이지만 이제는 나를 위한 콘텐츠가 되었다.

김수현 작가가 전해준 '천천히 쓰기의 힘'은 작은 시작을 한 나에게 나아가야 할 방향을 제시해주었다. 꾸준하지만 무리하지 않기, 거창하지 않아도 괜찮아, 오롯이 진심을 전달하기. 가르침으로 오늘도 1일 콘텐츠를 만든다.

완벽한 수업을 만들어야 한다는 부담감 때문에 시작조차 하기 힘들었던 적이 많았다. 누군가 앞에 선다는 것은 여전히 떨리는 일이었고, 나의 콘텐츠를 꺼내 보여준다는 것은 낯설고 조심스러운 일이었다. 걱정이 앞서 도전보다는 주저함이 많았고, 수업 준비 자체가 하나의 큰 산처럼 느껴지곤 했다. 하지만 수업을 반복하면서 점점 알게 되었다.

수업에서 정말 보여줘야 하는 건 완벽한 구성이나 멋진 표현이 아니라 진심을 담아 소통하려는 태도라는 것을. 그 이후부터는 '완벽한 수업을 만들어야 한다'라는 부담감보다는 '진짜로 연결되는 순간'을 만들기 위해 집중하게 되었다. 그림책 한 권을 고를 때도 활동을 준비할 때도 "아이들과 어떤 대화를 나누고 싶을까?", "이 책을 통해 어떤 감정을 함께 나누고 싶을까?"를 먼저 생각하게 되었다. 완벽하지 않아도 괜찮았다. 오히려 감정을 진심으로 전달하고 이야기를 들어주는 사람으로서, 그림책 수업을 만들어 가는 그 과정 속에서 내가 성장하고 있다는 것을 느끼게 되었다.

이제 나는 수업 하나하나를 콘텐츠로 바라본다. 단지 수업을 '잘 해냈다'라는 결과보다, 그 과정에서 어떤 시도와 시행착오를 겪었고, 무엇을 느꼈으며, 어떻게 변화했는지를 기록하는 것이 더 중요하다는 걸 알게 되었다. 이것이 바로 나만이 할 수 있는 콘텐츠, 나의 언어이고, 나의 이야기다. 그래서 매 수업이 끝난 후 나는 내게 질문을 던진다.

'지금의 경험을 어떤 콘텐츠로 남길 수 있을까?'

 이 질문은 나의 시선을 바꾸고, 순간을 기록으로 연결하며, 기록은 콘텐츠로, 콘텐츠는 브랜드로 이어지는 다리가 되어 준다. 브랜딩이라는 말은 종종 무겁고 어렵게 느껴진다. 무언가 대단하고 세련된 결과물로 보여줘야 한다는 압박감도 있다. 하지만 이제는 안다. 진짜 브랜딩은 내가 무엇을 해왔는지를 보여주는 사례에서 시작된다는 것을. 그 사례가 차곡차곡 쌓이면 신뢰가 되고, 신뢰는 결국 영향력이 된다.

 두려움으로 시작했지만, 마음을 움직이는 힘을 가진 '그림책'이라는 도구 덕분에 나는 사람들과 감정을 나누고, 배움을 나누며, '나답게 말할 수 있는 언어'를 찾아가는 중이다. '나를 표현할 수 있는 언어를 찾아가는 것' 이것이 브랜딩의 시작이라는 생각이 든다. 그림책이라는 매체로 콘텐츠를 만들겠다고 마음먹은 후, 나는 하나씩 쌓아가기 시작했고 시간이 조금씩 흘렀다. 처음 시작은 단지 '그림책을 좋아하는 사람'이었지만, 이제는 '그림책을 통해 사람들과 연결되어 가고 있는 사람'으로 조금씩 성장하고 있다는 것을 느낀다. 강의안을 만들고, 수업을 기획하고, 짧은 기록들을 SNS에 남기며, 매일 나만의 색을 가진 브랜드로 한 걸음씩 나아가고 있다. 어린이집 현장에서, 혹은 성인을 위한 그림책 모임에서 이야기를 꺼내고 마음을 나누는 순간이 점점 늘어나고 있다.

"선생님, 그림책이 이렇게 감동적인지 몰랐어요."
"이런 수업 방식도 가능하네요. 정말 좋았어요."

수업 후 돌아오는 작고 따뜻한 반응들이 나에게 힘이 되어 주고, 다음 콘텐츠를 만들어 낼 원동력이 되어 준다. 브랜드란 거창한 상표가 아니다. 내가 누구인지, 어떤 가치를 사람들에게 전하고 싶은지를 꾸준히, 진심을 담아 표현하는 것. 그것이 바로 콘텐츠이며, 곧 브랜드다. 그래서 오늘도 나는 그림책을 펼치고, 수업을 준비하며, 그 과정 속의 한 조각이라도 남기기 위해 기록한다. 그림책 수업 하나, 진심을 담은 후기 한 줄.

작은 것들이 모여 결국 '그림책 하면 떠오르는 사람', '마음과 교육을 함께 전하는 사람'으로 기억되기를 꿈꾸며, 오늘도 그림책을 펼쳐 든다.

05
영유아기에 그림책, 필수 교육이라구요?

    그림책 전문가로 나아가기 위한 도전은 계속 이어지고 있다. 그림책을 읽고, 수업을 계획하고 기록하는 하루하루가 쌓이며 나는 조금씩 변화하고 있다. 그 변화는 단지 브랜딩을 위한 과정이 아니라, 그림책이 왜 이토록 중요한가를 더 깊이 느끼게 되는 시간이다.

    그림책은 나에게 콘텐츠였지만, 아이들에게는 삶의 언어이다. 두 아이를 책 육아로 키우면서 말이 트이지 않았던 시기부터 늘 곁에서 그림책을 읽어주며 함께 소통했던 시간이 지나 어느 날 그림책 한 페이지를 넘기며 '엄마'라고 말했던 순간, 어린이집에서 낯가리던 아이가 읽어줬던 그림책을 조용히 내 손에 쥐여주었던 날, 평범한 일상의 작은 장면 속에서 그림책이 가진 진짜 힘을 보았다. 어른뿐 아니라 아이들은 그림책을 통해 자신을 표현하고 세상을 배운다. 부모가 무심코 넘기는 한 권의 그림책이 어떤 아이에게는 처음 듣는 '문장'이자 처음 만나는 '감정'이고 때로는 처음 느끼는 '공감' 일수도 있다. 그림책은 단순히 재미있는 이야기가 아니라 아이의 두뇌와 마음을 성장시키는 결정적인 도구라 생각한다. 그래서 이제는 그림책을 콘텐츠 이전에 교육의 가장 중요한 시작점이라는 시각으로 바라보려고 한다.

"0~7세 이시기를 놓치면 다시는 돌아오지 않습니다."

 육아와 교육 현장에서 자주 들려오는 이 말은 단순 조언이 아니다. 실제로 유아, 심리, 뇌과학의 많은 전문가가 '영유아기의 뇌 발달은 일생을 좌우할 만큼 결정적인 시기입니다.'라고 말한다. 그리고 이 시기에 무엇을 경험하고 누구와 어떻게 시간을 보내느냐가 삶 전체에 영향을 미치게 된다. 영유아기의 뇌는 빠르게 성장한다.
 하버드대학교의 'The Center on the Developing Child' 연구에 따르면, 0~5세에 풍부한 언어와 감정의 상호작용을 경험한 아이들은 그렇지 못한 아이에 비해 이후 학습능력과 자기조절능력이 유의미하게 높다는 결과를 발표하였다.
 즉, 그림책은 단순히 읽는 책이 아닌 아이의 뇌를 건강하고 유연하게 성장시키는 필수적인 교육 매개체라는 점이다. 아이의 두뇌는 전두엽(사고, 판단), 측두엽(언어), 두정엽(감각통합), 후두엽(시각정보), 그리고 대뇌변연계(감정 조절)를 포함한 다양한 영역이 서로 연결되어 발달한다. 그림책을 읽고 이야기하는 활동은 이 모든 영역을 자극합니다.
 그림책 이야기 속 인물의 감정을 이해하고, 그에 대해 자기 생각을 말해보는 과정은 언어발달 + 감정이해 + 공감 능력 + 자기 표현력을 함께 성장시키는 두뇌 활동이다. 이러한 이야기를 통한 사고 자극은 TV나 디지털 매체에서 얻기 어려운, 그림책만의 깊이 있는 두뇌발달 자극이다.

이러한 그림책을 통한 두뇌발달은 부모와 교사가 함께 할 때 뇌는 더 건강하게 성장 할 수 있다. 여기서 중요한 것은 '함께 읽는 그림책' 이다. 그림책 자체로 중요한 것이 아니라, 그림책이라는 매체를 부모와 교사가 아이에게 어떻게 상호작용하느냐가 훨씬 더 중요하다는 것이다. 그림책을 함께 읽으며 아이와 눈을 맞추고, 질문을 주고받으며, 웃고 반응하는 순간순간들이 바로 아이의 뇌를 더욱 유연하고 건강하게 만들 수 있다.

0~7세는 다시 돌아오지 않는 황금기이다. 그림책은 단순히 '읽어주는 활동'이 아니라 아이의 인생을 준비하게 하는 첫 교육이다. "그림책을 읽어주는 게 정말 도움이 될까요?"라는 질문들을 받을 때가 있다. 나는 늘 대답한다. "그림책을 읽어주는 그것만큼 효과적인 언어교육은 없습니다." 그림책은 단순한 읽을거리나 놀이가 아니다. 영유아기 언어발달의 가장 기본이자, 강력한 자극이 된다.

언어능력은 양보다 질이 중요하다고 생각한다. 하루종일 많은 언어를 노출한다고 해서 아이의 언어력이 좋아지는 것은 아니다. 중요한 것은 성인과 아이와의 의미 있는 상호작용에서의 언어 노출이 중요하다. 그리고 정서적으로 안정된 환경 속에서 반복 경험이 중요하다.

그동안 수많은 연구와 과학적 근거들이 이러한 그림책의 교육적 효과를 뒷받침해 왔다. 이러한 내용으로 수업을 설계하고 부모 교육 자료를 만드는 데 도움을 받고 있다. 그림책 속에는 일상적인 대화에서 만나기 힘든 어휘들이 가득하다. 예를 들어 '쓸쓸히, 모퉁이,

비밀스럽게'와 같은 단어는 아이들의 일상 언어에 잘 등장하지 않지만, 그림책에서는 접할 수 있다. PubMed에 등재된 연구에서는 그림책을 자주 읽어주는 것이 유아의 어휘력과 언어 이해력 향상과 직접적인 연관이 있다고 밝히고 있다.

이는 책 육아를 하면서 아이가 모르는 생소한 단어를 접하더라도 같은 책을 반복해서 읽고 들으며 어느 날 그 단어를 상황에 맞게 쓰는 모습을 볼 때 다시 한번 '반복 읽기가 얼마나 중요한지' 느끼게 되었다.

그림책은 단어뿐만 아니라 문장의 구조와 어순을 자연스럽게 익히게 해준다. 특히 반복적이면서도 리듬감 있는 문장은 아이들이 말의 흐름을 감각적으로 익히는데 긍정적인 자극을 준다. 그림과 문자의 연결을 통해 읽기와 쓰기의 기초가 만들어진다.

'글자를 모르는데 본인이 읽어주는 척을 해요' 이러한 모습은 긍정적인 반응이다. 문자와 소리, 의미를 연결 할 수 있다는 신호이다. 그림책은 글자와 그림이 결합되어 있어 '읽기'가 단지 글자를 해독하는 것이 아니라 상황을 그림을 통해 의미를 유추해내는 과정임을 자연스럽게 익히게 도와주게 된다. 이는 읽기와 쓰기의 기초가 되는 '문식성' (literacy)의 발달로 이어지게 된다.

"어떤 장면이 제일 재미있었어?" 이렇게 질문을 던지면 아이들은 점점 자신의 언어로 생각을 말하는 모습을 보인다. 이러한 연습이 잘 이루어지면 표현력과 자기감정 전달력이 향상된다. 말하기 능력은 충분히 들은 후 표현할 수 있다. 이렇듯 그림책을 읽은 후 자기 생각을 표현하는 활동은 아이들의 표현력과 어휘 능력을 자극한다.

부모와의 상호작용을 통한 책 읽기가 언어발달에 중요한 역할을 한다는 것을 보여준다.

　나는 교육자이기 이전에 두 아이를 키우는 엄마이다. 아이와 매일 그림책을 읽으며 느낀 점은 아이의 말은 '단어를 가르친다고 늘지 않는다'라는 것이다. 말을 잘하게 하는 방법은 공감하고, 기다리고, 질문하고, 들어주는 것, 아이의 이야기에 귀 기울여 듣고 존중해주는 과정이라고 생각한다. 그 시작은 거창한 것이 아니라 엄마의 무릎 위에서나, 아빠의 팔베개 안에서 읽어주는 그림책 한 권이면 충분하다고 생각한다.

　그래서 오늘도 그림책이 주는 기쁨을 느끼기 위해 책장을 펼친다. 책장 사이에 숨은 단어, 그림 너머에 숨어있는 감정, 아이와 함께 하는 시간 속에서 그림책이 언어교육이 아니라 마음과 마음을 연결하는 따뜻한 대화의 시작이라 믿는다. 그림책은 언어발달뿐 아니라 아이의 사고와 창의성을 키워주는 도구이다.

　그림책을 읽는 동안 아이들은 이야기 속 등장인물과 상황을 따라가며 끊임없이 상상하고, 생각하고, 자신의 방식으로 해석하게 한다. 이러한 과정을 통해서 사고의 유연성을 키우고 표현력과 문제해결력을 동시에 확장해 준다. 그림책으로 창의성을 자극하는 활용법으로 '질문과 대화'가 있다.

　예를 들어 마르쿠스 피스터 『무지개 물고기』를 읽고 "너라면 반짝이는 비늘을 친구들에게 나누어줄 수 있어?" "무지개 물고기가 다른 바다로 갔더라면 어떤 일이 일어났을까?"와 같은 질문을 해볼 수 있다. 정답이 있는 질문이 아닌 열린 질문은 아이의 사고를 자극하고 스스로 상상한 이야기를 언어로 풀어내는 과정이 자연스럽게 이루어질 수 있다.

또한 '이야기 바꾸기 놀이'도 유익한 활동이 될 수 있다. 읽었던 책의 결말을 바꾸어 보거나 등장인물을 바꾸어 보는 식으로 창조적으로 이야기를 재구성해보는 활동은 단순한 읽기를 벗어나 '창작'이라는 것을 경험하게 한다. 이처럼 그림책 속 장면을 실생활의 놀이로 연결해 확장해보는 것도 좋은 활동이 된다.

모리스 샌닥 『괴물들이 사는 나라』를 읽고 아이와 함께 내가 상상하는 괴물들의 나라를 만들어 보거나 백희나 『구름빵』을 읽고 빵 만들기 놀이를 연계해 보며 오감을 자극하며 창의성을 더욱 확장할 방법이 된다.

창의성은. '새로운 것을 생각해 내는 능력'이 아니라 '기본 틀에서 변형해 보고 자유롭게 상상하고 표현 할 수 있는 환경'에서 만들어진다고 생각한다. 그림책은 이러한 환경을 만드는데 최고의 도구라 생각한다. 오늘 아이와 함께 그림책을 읽는다면, 책장을 덮고 이렇게 질문해 보세요.

"혹시 이 이야기의 다음 이야기가 있다면 어떤 이야기 이어질까?"
"네가 주인공이었다면 어떻게 했을 것 같아?"
'아이의 상상에 질문을 더하면, 평범한 그림책이 특별한 이야기로 다시 태어납니다.'

06
그림책으로 소통하는 방법 8가지

그림책은 단순한 읽기의 즐거움을 넘어 아이와 부모 간의 깊은 소통을 이끌어내는 멋진 도구입니다. 그림책은 언어발달과 창의성 향상에 긍정적인 영향을 준다. 그림책을 활용하여 아이와 효과적으로 소통하는 8가지 방법을 소개해 보려고 한다. 이러한 방법들은 아이의 정서적 안정과 사회성 발달에도 큰 도움이 됩니다. 일상에서 어렵지 않게 충분히 실천해 볼 수 있다.

사전 탐색하기- 책을 읽어주기 전에 미리 읽어보기

아이에게 책을 읽어주기 전에 부모가 먼저 내용을 숙지하는 것은 아이와의 '책 속 대화'를 더 풍성하게 만들어 주는 중요한 첫걸음이다. 이를 통해 그림책 내용에서 강조해야 할 부분이나 아이의 관심을 끌 요소를 파악 할 수 있다. 또 한 아이의 나이와 이해 수준에 맞게 내용을 조절하여 전달 할 수 있다. 예를 들어 등장인물을 미리 파악하고 인물에 맞게 목소리나 몸짓을 활용해 읽어줄 수 있다. 또 한 책을 읽다 보면 아이가 이해하기 어려운 단어나 문장은 간단하게 풀어서 설명해 주거나 어려운 단어는 쉽게 바꿔서 읽어주는 등의 조정

이 필요할 때가 있다. 이러한 준비는 아이가 책을 더욱 몰입해서 듣게 되고 책 읽기에 흥미를 갖게 한다.

그림책 최숙희 『괜찮아』 미리 읽고,
-동물들이 가진 특징에 관해 이야기를 나누며 읽기
-동물들의 장단점을 파악한 후 아이와 함께 읽으며 "너는 어떤 점이 멋진 것 같아?"라고 질문하기
-낯선 단어는 아이의 언어로 쉽게 바꿔 준비하거나 쉬운 예로 설명하기 (나이에 따라 고려해서 적용하기)

반응 관찰하기- 아이의 반응에 귀 기울이기

그림책을 읽어주는 동안 아이의 표정이나 몸짓, 질문 등을 주의 깊게 살펴보는 것이 필요하다. 이러한 사소한 관찰이 아이와 함께 소통하면서 읽어주기의 핵심적인 요소이다. 책을 읽다가도 아이의 반응에 따라 이야기를 잠시 멈추고 질문에 답해주거나 아이의 감정을 공감해주는 것이 중요하다. 이러한 작은 상호작용은 아이가 자기 생각과 감정을 자유롭게 표현하도록 도와주며, 부모와의 유대감을 더욱 깊게 만들어 준다.

그림책 데이비드 섀넌 『안돼 데이빗』을 읽고,
-그림책 속 주인공의 감정에 관해 이야기 나누기. "여기서 데이빗이

왜 그랬을까?" 질문하기
-아이의 표정이 어두워지거나 몰입할 때에는 잠시 멈추고 기다려주기
-충분히 그림을 볼 수 있는 시간 기다려주기

감정을 공유하기- 책의 내용에 대한 느낌 나누기

그림책을 다 읽은 후에는 아이와 함께 책의 내용에 대한 느낌이나 생각을 나누는 시간을 갖는다. 이를 통해 아이는 자신의 감정을 표현하는 방법을 배우고, 부모는 아이의 내면을 이해할 수 있게 됩니다. 예를 들어, "이 장면에서는 어떤 기분이 들었어?" "주인공의 마음은 어땠을 것 같아?"와 같은 질문을 통해 아이의 감정을 이끌어낼 수 있다. 부모와의 대화를 통해 아이의 정서적 발달에 긍정적인 영향을 줍니다.

그림책 백희나 『알사탕』을 읽고,
-"사탕을 먹었을 때 동동이는 어떤 기분이 들었을까? 아이의 감정에 공감해주기

다양한 장르의 그림책 소개- 폭넓은 주제 경험하기

아이들에게 다양한 주제와 장르의 책을 읽어주는 건 정말 중요한

일이다. 여러 분야의 책을 통해 아이는 사고의 폭을 넓히고, 감정을 다양하게 느낄 수 있다. 동식물이 나오는 자연 관련 책, 일상생활 관련 책, 상상력을 자극하는 책, 역사나 정보지식 관련 책 등 다양한 종류의 책을 읽어주는 것이 좋다. 책도 마치 음식처럼 다양하게 접할수록 아이의 세상은 더 풍성해진다.

부모의 독서 습관 보여주기- 모범적인 독서 태도 환경 만들기

　부모가 책을 즐겨 읽는 모습을 아이에게 보여주는 것은 아이의 독서 습관 형성에 큰 영향을 준다. 아이들은 부모의 행동을 모방하려는 경향이 있어 부모가 독서를 하는 모습을 보며 자연스럽게 책에 대한 흥미를 갖게 된다. 일과 중 가능한 시간을 정한 후 루틴처럼 가족 독서시간을 가져 보는 것도 좋은 방법이 될 수 있다.
예시) -아침이나 잠자기 전 부모가 읽어주거나 부모가 책을 읽는 모습을 보여주기
-"엄마는 지금 이 책에서 이런 걸 배우고 있어"라고 자연스럽게 책 이야기를 나누기
-아이와 함께 조용히 각자 선정한 책을 읽는 책 읽는 루틴 만들기

열린 질문 활용하기- 사고를 확장하는 대화 나누기

　책을 읽은 후 아이에게 열린 질문을 던지는 것은 아이들의 사고

를 자극하는 데 효과적이다. 예를 들어, "만약 네가 주인공이라면 어떻게 했을 것 같아?"와 같은 질문은 아이가 이야기를 자신의 경험과 연결해 생각해 보도록 돕는다. 이러한 대화는 아이의 문제 해결 능력과 창의성을 향상하는 데 많은 도움이 된다.

그림책 베르너 홀츠바르트 『누가 내 머리에 똥쌌어?』를 읽고,
-"만약 네 머리에 똥이 떨어진다면 어떻게 할래?"
그림책 마이클 로젠 『곰사냥을 떠나자』를 읽고,
-"우리도 모험을 떠난다면 어디로 가고 싶어?"

감정 표현을 격려하기- 다양한 감정 이해와 촉진하기

그림책은 다양한 감정을 다루고 있다. 아이가 책 속 인물의 감정에 대해 생각해 보고 표현해 볼 수 있도록 격려하는 것은 중요하다. 이를 통해 자신의 감정을 이해하고 표현하는 방법을 자연스럽게 배우게 된다.

그림책 폴리 던바 『나 잔짜 화 났어』를 읽고,
-"화가 났을 땐 우리는 어떻게 해?" 아이의 감정에 대해 공감 수용해주기
-그림책 장면을 보여주며 "주인공의 감정은 어떨까?" 감정 카드로 매칭 해보며 다양한 감정에 관해 이야기를 나누어 보기

창의적 활동 연계- 책 내용을 바탕으로 한 놀이 활동

요즘 '독후 활동'이라 부르는데 책 내용을 바탕으로 그림 그리기, 만들기, 역할놀이 등 창의적인 활동을 함께 하는 것을 말한다. 이러한 활동은 아이의 이해력과 표현력을 높이는 데 도움이 된다. 예를 들어 이야기 속 장면을 그림으로 그려보거나, 등장인물을 만들어 역할놀이를 하며, 책의 내용을 더욱 깊이 이해하고, 자기 생각을 표현하는 능력을 기를 수 있다.

그림책 백희나 『구름빵』를 읽고, '나만의 구름빵'을 만들어 놀이하기 (솜, 휴지로 구름 표현)
그림책 데이비드 섀넌 『줄무늬가 생겼어요』를 읽고, 자기만의 줄무늬 옷을 디자인해보기

그림책은 아이의 마음을 읽고, 함께 감정을 느끼며, 대화를 확장할 수 있는 최고의 '소통의 매개체'이다. 앞에 소개한 '그림책으로 소통하는 방법 8가지'는 각각의 단순한 활동을 넘어 그림책 읽기를 통해 아이와의 관계를 더욱 깊고 넓게 만들어 주는 연결고리가 되어 줄 것이다.
"아이와 진짜 소통을 하고 있나요?"
이 순간 아이와 함께 앉아 책장을 넘기고 아이를 바라보며 따뜻한 대화를 시작 할 수 있다.

부모의 적극적인 참여와 관심이 아이의 정서적 안정과 사회성 발달에 큰 영향을 줄 수 있다는 점을 기억하며, 일상 속에서 그림책을 활용한 소통을 실천해보시기 바란다.

아이와 그림책을 읽으며, 그 속에 담긴 마음을 만나보자.

07
나다운 것이 가장 강력하다_ 영유아 그림책 전문가

　브랜드는 어디서 시작되는 걸까? 새로운 일을 준비하면서 늘 고민인 질문이었던 것 같다. 해답을 찾기 위해 책도 찾아보고 고민도 많이 해보았지만, 이제는 조금 알 것 같다. 세련된 말솜씨나 전문적인 이력이 아니라, 각자의 삶에서 자연스럽게 스며들어 내 것이 된 고유한 경험에서 비롯된다.

　보육교사에서 엄마로서의 일상 속에서 가장 나다운 콘텐츠를 만들어 가고 있다. 나를 잘 설명 할 수 있는 단어가 바로 '그림책 전문가'이고, 그렇게 되기 위해 하루하루 열심히 살아온 시간이 브랜드의 기반이 되고 있다.

　임신하고 제일 먼저 했던 일은 어떤 책을 보여줘야 할지 조사하는 일이었다. 시간이 날 때마다 인터넷이며, 서점에 가서 다양한 책을 찾아보고 선정하며 아이와 어떤 이야기를 나눌 것인지에 대해 늘 생각해왔다. 그림책은 우리 집의 일상이었다. 첫째 아이가 태어나면서부터 흑백 초점 책부터 시작해 단계별 나이에 맞는 책을 읽어주었다. 둘째 아이가 태어난 이후에도 그림책과 함께 하루를 열고 마무리하는 일상이 지금도 지속되고 있다.

　단지 '읽어주는 일'로 그치지 않았다. 아이와 감정을 교류하고, 눈을 마주치며 함께 웃고, 책 속의 상황을 함께 나누며 깊이 이해하는 시간을 만들어 갔다. 엄마로서의 경험은 그림책을 전혀 다른 시선으로 바라보게 했다. '이 책을 통해 아이는 어떤 감정을 느낄까?' '어떤 질문을 하면 아이의 생각이 더 확장될까?' 아이의 시선에서 책을 읽고, 감정을 중심으로 소통하며 쌓아온 시간이 단순한 독서 이상의 의미가 있었다.

아이의 언어발달이 빨랐고, 풍부한 표현력과 공감 능력을 갖추게 된 것이 그림책을 통한 엄마와의 안정적 애착 관계 덕분이라고 생각한다. 하루 중 가장 안정되고 편안한 시간에 엄마와 함께 책을 읽고, 그 안에서 아이들은 책을 통해 다양한 감정과 표현들을 배우고 세상을 만났다. 이러한 평범한 엄마로서의 경험이 그림책 콘텐츠를 만드는데 밑바탕이 되었다. 나에게 그림책은 아이와의 감정을 잇는 다리가 되어 주었고, 그 위에서 만들어진 일상의 경험들이 콘텐츠의 소재가 되고 있다.

교사로서의 경험은 단순한 이력 이상이었다. 보육교사로서 매일 그림책으로 하루를 시작하던 그 시간은 아이들의 상태나 감정을 파악하고 관계를 조율하는 중요한 시간이었다. 수업 전에 나누는 그림책 한 권이 아이들과의 신뢰를 쌓는 데 얼마나 중요한지 누구보다 잘 알고 있다.

이 경험은 '그림책을 수업과 연결하는 감각'을 자연스럽게 익히게 해주었다. 수업의 주제에 맞는 그림책을 고르고 그것을 놀이나 활동으로 확장 시키며 아이들의 몰입도를 높이는 좋은 도구가 되고 있다. 그림책을 통해 학습과 감정을 연결하는 기술은 오랜 교육 현장에서의 경험이 축적된 결과였다.

그리고 무엇보다 중요한 건 '교사이면서도 엄마'라는 이중의 시선을 가졌다는 것이다. 전문성과 현실감, 감정과 이론이 동시에 공존할 수 있는 콘텐츠를 기획할 수 있는 배경은 여기에서 비롯되었다. 수업시간에 아이들과 나누었던 그림책, 엄마로서 아이들에게 반복해서 읽어주었던 그림책, 다양한 수업에 사용하려고 찾았던 그림책들. 그 모든 순간이 지금 그림책 전문가로 성장하게 해주었다. 지금도 다양한 이야기를 나누기 위해 그림책을 찾고 콘텐츠를 만들고 있다.

교사로 일을 하면서 매년 다르게 만나게 되는 아이들의 행동을 보면서 자연스럽게 심리에 관심을 끌게 되었다. 아이들의 하루하루는 감정의 연속이었다. 등원하면서 눈물을 흘리는 아이, 또 다른 아이는 친구에게 쉽게 화를 내며, 어떤 아이는 너무 소극적이어서 시간이 오래 걸리는 모습을 보였다. 아이들의 다양한 감정들이 때로는 말로 설명되지 않는 깊은 마음에서 비롯된다고 생각했다.
'왜 저런 모습을 보일까?'라는 질문을 시작으로 아이의 심리를 이해하고 싶어졌고, 자연스레 심리학 공부로 이어졌다.

영유아기의 정서발달, 부모와의 상호작용, 애착 형성이 아이에게 미치는 영향 등 다양한 심리 이론과 실제 사례를 접하게 되었다. 그렇게 시간이 흘러 결혼을 하고 아이를 낳고 그림책 공부를 하면서 그림책을 이전보다 더 깊은 시선으로 바라보게 되었다. 아이와의 관계 속에서 그림책은 '감정을 주고받은 언어'라는 걸 더 실감하게 되었다. 그러던 중 '그림책 심리상담전문가'라는 과정을 알게 되었고, 지금까지의 경험과 배움이 하나로 연결된다는 느낌을 받았다.

그림책과 심리가 만났을 때, 생각하지 못했던 수많은 가능성을 느끼게 되었다. 그동안의 그림책은 '읽고, 이야기 나누고, 활동하는 것'에만 머무르곤 했다. 하지만 그림책이 감정을 다루는데 얼마나 효과적인 도구인지 다시 한번 확인하게 되었다. 그림책 속에는 말로 하지 못한 마음의 언어가 있다. 그리고 아이들은 그 언어에 반응하고, 때로는 책 속 등장인물과 자신의 감정을 이입하기도 한다. '그림책+심리'의 조합은 단지 유아교육 콘텐츠를 넘어 사람의 마음을 어루만지는 도구로 확장되었다. 그림책 속 인물의 슬픔이나 분노, 외로움, 기쁨 다양한 감정을 따라가며 아이들은 자신의 감정을 알아차리고, 부모나 교사와 함께 그 감정을 말로 표현하게 된다. 이러한 모습들은 정서발달과 자존감 향상에 효과적이다. 그런데 이는 아이들만 해당하는 건 아니었다.

그림책 심리상담 전문가 과정을 공부하면서 주제에 맞는 그림책을 읽고 내 안의 것들을 표현하면서 내면에 깊숙한 곳에 숨겨두었던 생각과 감정이 올라오기도 하였다. 이러한 경험들을 직접 해보면서 그림책이 성인들에게 조용히 마음 울리는 도구가 될 거라 생각을 하였다. 이 과정 속에서 자연스럽게 '에혼 그림책 테라피스트'라는 길을 접하게 되었고, 현재 그림책 테라피스트로서의 역할을 준비하고 있다.

성인들에게도 말로는 쉽게 표현되지 않는 마음의 언어가 있다. 그런데 그림책이라는 매개는 그런 감정을 대신 이야기 해주고, 안전하게 꺼낼 수 있는 환경을 만들어 준다. 성인들을 위한 강의에서 그림책 한 권을 함께 읽고, 그 안의 장면이나 문장을 나누는 것만으로도 깊은 위로와 공감의 시간이 될 수 있다는 것을 경험하면서 그림책이 가진 치유의 힘을 더 많은 이들에게 전하고 싶다.

감정을 주제로 그림책 큐레이션과 감정 카드를 활용한 그림책 심리 수업 등 기획하며, 그림책 심리 콘텐츠를 만들어 가고 있다.

앞으로 그림책과 심리라는 두 매체를 활용하여 다양한 교육 콘텐츠를 만들어보고 싶다. 그림책이 단순히 책을 읽는 것이 아니라 감정을 들여다보고 마음을 이해할 수 있도록 돕고 싶다. 교사로서의 경험, 엄마로서의 공감, 그리고 심리라는 매체가 연결될 때 나다운 콘텐츠는 더욱 깊고 단단해질 것이다.

나다운 콘텐츠를 만든다는 것은 단지 나를 들어내는 것이 아니라 생각한다. 내가 살아온 경험을 돌아보고, 가장 잘 할 수 있는 것과 가장 전하고 싶은 것을 하나로 묶는 작업이다. 그리고 그것을 지속해서 꾸준히 다듬어 가는 과정이라 생각한다. 지금 새로운 시작을 앞두고 있다. 그동안 마음속으로만 품어왔던 것들을 본격적으로 펼쳐낼 준비가 되어 가고 있다. 그래서 나를 끊임없이 돌아보려고 한다.

나의 경험이 누군가에게 도움이 될 수 있도록 더 세심하게 관찰하고 정리하고 언어화하는 연습을 멈추지 않을 것이다. 그리고 지금처럼 좋아하고 잘 할 수 있는 일을 나만의 속도로 이어나가려고 한다.

내가 걸어온 시간이 나를 만들었고, 앞으로 걸어갈 시간은 더 단단한 브랜드를 만들어 줄 것이다. 오늘도 그림책을 펼친다. 그리고 나다운 길 위에서 나만의 목소리로 이야기를 이어간다.

이 글을 읽는 당신에게도 질문을 던지고 싶다.

"당신은 지금 어떤 경험을 쌓아가고 있는가?"

브랜딩은 거창한 시작에서 출발하지 않는다. 오히려 아주 사소한 일상 속에서 출발한다. 아이와 주고받은 짧은 대화 한 줄, 직장에서 느낀 감정의 폭, 가족과의 갈등 속에서 깨달은 통찰. 그 어떤 것도 당신만의 콘텐츠가 될 수 있다. 중요한 것은 그것을 어떻게 바라보고, 어떤 방식으로 표현하느냐인 것 같다.

나는 그림책이라는 도구를 통해 나만의 방식으로 이야기 하고 있다. 때로는 아이와의 놀이 속에서, 때로는 강의 자료를 만들며, 때로는 SNS에 감상을 기록하면서. 그렇게 차곡차곡 쌓인 작은 조각들이 모여 지금의 브랜드가 되고 있다.

여전히 완성된 브랜드가 아니다. 지금도 매일 시도하고, 수정하고, 다시 고민하며 내 길을 만들어 가고 있다. 하지만 한 가지는 확신할 수 있다. 내가 좋아하고, 의미 있다고 느끼는 일을 '나다운 방식'으로 계속해 나간다면, 분명 누군가에게 닿는 콘텐츠가 될 것이라는 점이다.

지금의 삶이 당신만의 언어가 되고, 당신의 경험이 누군가에게는 용기가 된다. 당신 안의 나다움을 믿고, 그것을 표현할 방법을 찾는다면, 그것이 바로 브랜딩의 시작이다.
브랜드는 결국 내가 살아온 시간과 좋아하는 것, 그리고 세상과 연결되고 싶은 마음이 만나는 지점에서 만들어진다. 당신만의 이야기는 이미 콘텐츠가 될 준비가 되어 있다.

'나다움'은 이미 당신 안에 있다.

08
꿈꾸는 새는 날개를 접지 않는다

변화는 절대 쉽지 않다. 특히 새로운 직업을 선택하거나 그동안의 경력을 내려놓고 다른 분야에 도전한다는 것은 누구에게나 두려운 일이다. 그러나 '두렵다'라는 감정은 우리에게 간절히 원하는 무언가를 마주하고 있다는 증거이기도 하다. 그 두려움을 넘어선 사람들만이 다음 기회를 잡을 수 있다고 생각한다.

나 역시 10여 년간의 보육교사 경력을 뒤로하고, 그림책이라는 새로운 콘텐츠에 도전하기로 마음먹었을 때 가장 먼저 마주한 건 '지금 시작해도 괜찮은 걸까?'라는 질문이었다. 처음에는 그저 내가 좋아서 읽었던 책이었고, 아이들과 나누던 작은 시간이었지만, 어느 날 문득 이 그림책이 내 인생의 다음 문장이 될 수 있다는 생각이 들었다.

보육교사로서 아이들과 함께 보낸 시간은 참 감사했고, 아이들의 눈빛에서 수많은 이야기를 발견했지만, 동시에 내 이름으로 살아가고 싶은 갈망도 서서히 자라나고 있었다. 그림책을 좋아하는 마음을 더 깊이 들여다보며 나는 내 안에 잠자고 있던 꿈을 깨웠다. 그것은 단지 '좋아한다'라는 감정을 넘어 '전문가가 되어 이 길을 걷고 싶다'라는 의지였다. 하지만 누구나 시작은 두렵다. 지금 이 나이에 새로운 도전을 시작한다는 것이 어쩌면 무모한 일처럼 느껴지기도 했기 때문이다.

그런 생각이 들 때 계속해서 앞으로 나아가게 해준 힘은, 이미 늦은 나이에도 자신의 가능성을 믿고 새로운 도전을 시작한 사람들의 이야기였다. 마지막으로 용기를 내어 늦은 나이에 도전을 시작한 사람들의 이야기를 해보려고 한다.

미국 작가 월트 B, 피트킨의 "인생은 40부터"라는 책을 출간하며 전 세계 중년의 삶에 강력한 메시지를 던졌다.

『인생은 40부터』는 그 시대의 통념은 깨뜨린 책이었다. 그리고 단순한 조언을 넘어 실제 많은 사람의 삶을 바꾸는 계기가 되었다고 한다. 그는 책에서 이렇게 말한다. "우리는 나이 듦에 따라 육체는 쇠약해질지 모르지만, 지혜와 감정의 깊이는 더욱 풍성해진다. 이때의 인생이야말로 진짜 인생이다."

이 책은 단지 유명한 격언을 남긴 것은 아니다. 중년 이후의 삶을 소극적으로 살아가는 수많은 이들에게 '지금부터'의 삶에 대한 새로운 시선을 안겨주었고, 나는 이문장을 통해 다시 시작할 용기를 얻었다.

"어떤 시작도 늦지 않았다" 이 말은 위로가 아니라 행동을 이끌어내는 힘이 되었다. 30대 후반에 아이 둘을 키우며, 그림책 콘텐츠를 시작해보겠다고 결심한 나에게 이 책은 강력한 전환점이 되었다. 나이에 대한 불안보다 중요한 것은 지금 마음속에 있는 가능성을 믿는 일이었다. 월트 B, 피트킨은 말한다. "40은 결코 늦은 나이가 아니다. 오히려 진짜 목적을 발견하기에 가장 적절한 시기이다" 그의 말처럼 내 인생은 그림책과 함께 다시 시작되었고, 나는 매일 작은 날갯짓을 하고 있다.

가끔은 스스로에게 묻는다. '지금 잘하고 있는 걸까? 이 방향이 맞는 걸까?' 이런 고민이 있을 때 확신을 준 분이 있다. 두 번째 주인공으로 바로 그림책 작가 권윤덕 선생님이다.

권윤덕 작가는 한국을 대표하는 그림책 작가이자, 사회적 메시지를 담은 작품들로 국내외에서 인정받은 예술가다. 하지만 그녀의 시작은 전혀 화려하지 않았다. 30대 후반이 되어서야 그림책을 그리고, 40대에 이르러 본격적으로 작가로 활동을 시작하였다. 그녀는 인터뷰에서 "그림책 작가가 된 것은 내게 큰 행운이었어요. 내가 좋아하는 것을 하게 되었고, 그 일이 내 삶을 바꿨어요."라고 말한 적이 있다.

권윤덕 작가의 삶을 보며 생각했다. 그림책을 좋아한다는 감정 하나가 인생의 방향을 바꿀 수 있다는 것, 그리고 그것이 거창한 계획이 아니라 손에 연필을 쥐고 머릿속 이야기를 한 줄 적어보는 것에서 시작된다는 것, 나도 그렇게 시작했다. 매일 그림책을 읽고 아이와 대화하고 떠올랐던 말들을 끄적였던 것들이 처음에는 누가 읽는 것도 아니고 보여줄 목적도 없었다.

그저 나를 위해 남기던 짧은 글들이 하나둘 콘텐츠가 되었고, 강의가 되고, 지금은 누군가에게 '도움이 되는 이야기'로 성장하고 있다. 콘텐츠의 본질은 결국 '나다운 메시지'와 '전하고 싶은 진심'이 담긴 것이어야 한다는 것. 그것이 브랜드를 만드는 가장 강력한 요소라는 것을 권윤덕 작가님은 몸소 보여주고 있었다.

권윤덕 작가가 내게 말하는 듯하다. "늦어도 괜찮아 좋아하는 마음만 있다면, 그건 이미 당신의 길이야." 지금 그림책을 좋아하고 그것을 통해 누군가와 연결되고 싶다는 마음 하나로 나는 내 날개를 펼치고 있다.

마지막으로는 이름만 들어도 알 수 있는 세계적인 작가의 이야기를 소개하고자 한다. "슈렉 (Shrek)" 세계적으로 유명한 애니메이션의 원작이 사실은 한 권의 그림책에서 시작되었다. 그걸 아는 사람은 많지 않다. 그 그림책의 작가는 바로 윌리엄 스타이그(Willam Steig) 스타이그는 본래 만화가로 활동하며 사회 풍자 만평을 그리던 사람이었다. 그런데 무려 60세가 넘어서야 그림책을 쓰기 시작했다. 이후 『Shrek』을 포함해 수많은 명작을 발표했다.

그의 대표작들은 유쾌한 이야기를 넘어 풍자와 철학이 담긴 깊이 있는 메시지를 전달했다. 윌리엄스타이그가 80세가 넘어서도 세상에 메시지를 던지고, 아이와 어른 모두에게 영향을 주는 작품을 만들 수 있었던 건 그의 콘텐츠는 나이에 좌우되지 않는 살아왔던 모든 경험들이 그 안에 녹아있는 진실함이 묻어있다는 것이다.

스타이그의 이야기는 내게 확신을 주었다. 처음부터 모든 것이 완성되어야만 시작 할 수 있는 건 아니다. 살아온 시간 자체가 콘텐츠가 되고 그 안에 녹아든 삶이야말로 독자에게 가장 진정성 있게 다가갈 수 있다는 믿음을 주었다.

앞의 세 이야기를 통해 나는 생각했다. 늦은 시작은 결코 약점이 아니다. 오히려 시간이 쌓여 만든 감정의 깊이와 삶의 통찰이 콘텐츠를 더욱 단단하게 만들어 준다는 것을.

브랜드란 '얼마나 빨리 시작했는가'가 아니라 '얼마나 나답게 꾸준히 나아갔는가'로 완성된다. 권윤덕 작가처럼 삶의 경험을 콘텐츠에 녹여내고, 윌리엄 스타이그처럼 늦게 피어난 열정이 전 세계로 퍼져나가는 힘을 실제 사례를 통해 보고 있다. 그리고 월트 피트킨이 말한 것처럼, 인생은 지금부터가 진짜 시작일 수 있다.

그래서 오늘도 나는 다시 그림책을 펼친다. 그리고 이야기를 담는다. 아이들과의 수업 속에서 부모와 나눈 질문 속에서 삶 속에 꺼내어진 한 문장에서 나의 브랜드는 조금씩 자라난다.

내가 전하고자 하는 이야기를 마무리하면서 다시 한번 말하고 싶다. 우리는 모두 각자의 시간표를 가지고 살아간다. 누군가는 20대에 브랜드를 만들고, 누구는 50대에 비로소 자기 삶의 방향을 찾는다. 중요한 것 내가 '지금 여기에 있다'라는 사실이다. 나의 삶, 나의 경험, 나의 감정은 세상에 하나뿐인 콘텐츠가 될 수 있다. 주변의 나보다 먼저 삶을 살아본 인생 선배들은 말한다. "지금이 가장 빠를 때"라고. 이전에는 그 말이 잘 와닿지 않았던 것 같다.

보육교사로서의 시간을 자산으로 삼고, 그 위에 그림책이라는 언어로 나만의 브랜드를 쌓아 올리고 있다. 콘텐츠라는 창을 통해 다른 이들과 소통하며 연결되고 있다.

지금 이 글을 읽는 당신에게도 전한다. 브랜드는 정해진 길이 없다. 콘텐츠는 타인이 만든 정답을 따라가는 것이 아니다. 나만의 방식으로 나만의 속도로, 나만의 목소리로 그 방향을 찾아가는 여정이다. 그 여정의 첫 발걸음이 느려도 괜찮고, 중간에 잠시 멈춰 서도 괜찮다. 다만 날개만 접지 말자! 진심은 반드시 따뜻한 위로를 가져다준다.

나다운 언어로, 방식으로 여러 사람과 연결되고, 소통한다면 그건 이미 브랜드이다. 꿈을 꾸는 사람은 언젠가 반드시 날아오른다. 우리가 할 일은 단 하나, 멈추지 않는 것.

"꿈꾸는 새는 날개를 접지 않는다."

지금 당신이 꿈을 꾸고 있다면, 그것은 이제 날아오를 준비를 마친 것이다.

콘텐츠가
돈이되는
시대

4장

하나의 메세지가
콘텐츠를 만든다

관계소통 멘탈코치 **김나리**

01 당신의 메시지가 콘텐츠가 된다

어쩌면 콘텐츠의 시대에 가장 희소한 것은 진짜 메시지다. 화려한 영상 편집, 완벽한 구도의 사진, 세련된 디자인 속에서 정작 '말하고자 하는 것'은 희미해지곤 한다. 15년간 기업교육 현장에서 나는 이런 역설을 목격했다. 완벽하게 다듬어진 프레젠테이션이 오히려 가장 공허하게 느껴지는 순간들.

수천 명을 마주하며 진행한 1,000번 이상의 행동유형 진단과 강의 속에서, 나는 점차 확신을 갖게 되었다. 사람들의 마음을 움직이는 것은 정교한 기교가 아니라, 메시지 속에 숨겨진 '진짜 목소리'였다.

살아내는 방식이 콘텐츠가 된다

나는 답답할 때 곽튜브를 본다. 여행을 좋아하진 않지만, 그가 살아내는 방식을 좋아한다. 구독자 200만 명을 모은 그의 콘텐츠는 무엇이 특별할까? 화려한 영상미? 희귀한 여행지? 아니다. 그는 낯선 곳에서 끊임없이 부딪히고 헤쳐 나간다. 예상치 못한 상황에서

잠을 자고, 낯선 음식을 먹고, 언어가 통하지 않는 사람들과 소통하는 모습. 그 모습이 마치 지금 내 삶과 닮아있다. 나도 당신도 매일 헤쳐 나가야만 하는 미지의 상황들 속에서 살아가고 있으니까.

곽튜브의 영상을 보며 한 가지 진실이 선명해졌다. 그가 보여주는 건 단순한 여행 정보가 아니라 '불확실함을 받아들이는 태도'였던 것이다. 그가 낯선 음식 앞에서 망설이다가도 결국 맛보는 모습이, 내가 15년 직장생활을 접고 새로운 도전을 시작한 순간과 묘하게 겹쳐 보였다. 퇴근길마다 마주했던 그의 영상을 볼 때 마다 명료해졌다. 사람들이 그에게 열광하는 이유는 화려한 스펙이나 특별한 재능 때문이 아니다. 모든 상황을 있는 그대로 받아들이고, 그 속에서도 자신만의 방식으로 나아가는 태도, 그것이 콘텐츠가 된 것이다.

결국 각자 살아내는 방식 자체가 메시지가 될 수 있다. 완벽함을 가장하는 순간 메시지는 죽고, 있는 그대로의 모습을 드러낼 때 비로소 살아난다.

시간이 증명하는 메시지의 힘

왜 '응답하라' 시리즈는 방영 당시의 인기를 넘어 여전히 회자될까? 자극적인 반전과 클리셰로 가득한 수많은 드라마가 잊혀지는 동안, 이 작품은 왜 살아남았을까?

그중에서도 나는 '응답하라 1988'에 특별한 애정을 느낀다. 둘째 딸인 내가 덕선이에게 특별한 공감을 느끼는 건 당연한지도 모른다.

하지만 이 드라마가 주는 감동은 단순한 캐릭터 공감을 넘어선다.

드라마를 볼 때마다 나는 이상한 흔들림을 경험했다. 마치 우리 부모님이 저녁 식탁에서 늘 강조했던 메시지들을 다시 듣는 것 같은 느낌. 성적보다 중요한 것, 성공보다 소중한 것, 경쟁보다 값진 것들에 대한 오래된 진실이 다시금 가슴에 닿는다.

심리학자들은 사람이 읽는 것의 10%, 듣는 것은 20%, 보는 것은 30%, 보고 듣는 것은 50%를 기억한다고 말한다. '응답하라 1988'은 이 모든 감각을 넘어서는 경험이었다. 단순히 보고 듣는 것이 아니라, 잊고 있던 감정을 다시 느끼게 하는 촉매제였다. 왜 이런 현상이 일어날까? '응답하라'가 담고 있는 메시지는 특정 시대의 향수를 넘어, 인간관계의 본질적 가치를 건드리기 때문이다. 가족, 친구, 이웃, 첫사랑. 이 모든 관계가 디지털 시대에 더욱 갈망 되는 진짜 연결의 순간들을 보여준다.

15년간 기업교육을 하며 수많은 트렌드가 왔다 사라지는 것을 봤다. 그 과정에서 깨달은 진실은 하나. 사람들은 새로움에 잠시 눈길을 주지만, 마음을 내어주는 건 진심이라는 거다. 순간의 주목이 아닌 시간의 검증을 견디는 메시지를 담을 때, 클릭을 부르는 자극은 금세 휘발되지만, 인간의 근원적 질문에 닿는 가치는 오래 남는다.

결핍이 메시지가 되다

누구나 직장에서 이런 순간들을 경험해 보지 않았는가? 업무와 무

관한 상사의 부적절한 지시, 상대의 인격을 무시하는 모욕적인 발언, 능력과 상관없이 평가받는 외모, 권위를 내세워 대화를 차단하는 일방적 훈계. 이런 상황에서 마주한 나는 매번 침묵을 선택했다. 말문이 막혔고, 가슴 속에서는 수백 개의 단어가 맴돌았지만 입 밖으로 나오지 못했다.

왜 그랬을까? 왜 나는 사과를 요구하지 못했을까? 소통 교육을 수백 번 넘게 했던 나조차 '사과'를 제대로 주고받지 못했다는 이 역설. 이것이 내 첫 책 '사과를 망설이는 어른에게'의 출발점이 되었다.

가장 아이러니한 경험이 있다. 바로 전날, '서로 존중하는 소통의 기술'이라는 주제로 전사 교육을 진행했다. 그날 오후, 회의실에서 상사는 갑자기 업무와 전혀 관련 없는 개인적인 이야기로 화제를 돌리더니 마치 일상적인 대화인 양 불편한 질문을 던지며 자신의 편향된 생각을 일방적으로 늘어놓기 시작했다.

"아이를 낳은 엄마들이 왜 경력이 단절되는지 알겠더라"
"김대리는 육아휴직 줘도 안 쓸 거지?"

심지어 내가 불편해하는 것을 알면서도 상황을 장악하려는 듯한 태도로 질문을 이어갔다. 물론 그 후에도 상사가 내 마음을 헤아려 주지는 않았다. 헤아릴 줄은 알았지만 사과할 줄은 몰랐던 걸까? 사과를 요구할 용기조차 없었던 나 역시 그 책임에서 자유롭지 않았다. 분명 수많은 기회가 있었다. 복도에서 마주쳤고, 이메일도 오갔으며, 늘 회의에서도 만났지만, 우리는 그 불편했던 순간을 애써 외면했다.

시간이 흐르고 나서야 깨달았다. 우리에게 진정으로 필요한 건 기술이 아니라 '용기'라는 것을. 더 근본적으로는, 우리가 사과하고 용서하는 법 자체를 제대로 배운 적이 없다는 뼈아픈 자각이 책의 첫 문장으로 탄생했다.

"사과를 배웠던 기억이 없습니다."

놀랍게도, 이 개인적인 결핍에서 시작된 이야기는 많은 사람들의 공감을 얻었다. 왜일까? 좋은 말이 다 위로가 되지 않는 이유는 명쾌하다. 상처 입은 마음은 완벽한 사람의 조언보다 같은 아픔을 겪은 이의 공감에 더 크게 반응하기 때문이다.

누구나 느끼지만 쉽게 꺼낼 수 없는 결핍, 그 상처들이 오히려 더 깊은 공감과 위로가 된다. 완벽한 소통 전문가의 성공담이 아닌, 여전히 사과에 서툰 나의 솔직한 고백이 누군가에게는 위로가, 또 누군가에게는 용기가 되었다. 누군가의 가장 아픈 결핍이 가장 강력한 메시지가 될 때가 있다. 완벽한 성공담보다, 진솔한 실패의 이야기가 더 깊은 공명을 일으킨다.

메시지에서 콘텐츠로, 영향력의 확장

 메시지는 한 사람의 귓가에 전하는 속삭임이라면, 콘텐츠는 그 속삭임이 수많은 사람들의 마음속에 울려 퍼진 메아리다. 당신이 누군가에게 건넨 진심 어린 말 한마디가 어느새 많은 이들에게 전해져 공감의 파도를 일으킬 때, 그것이 바로 메시지가 콘텐츠로 확장되는 순간이다. 영향력 있는 콘텐츠의 시작은 항상 누군가의 마음을 움직인 진실된 한마디에서 비롯되었다. 하지만 모든 메시지가 콘텐츠가 되는 것은 아니다.

 메시지가 콘텐츠로 확장되기 위해서는 세 가지 핵심 요소가 필요하다.

첫째, 메시지는 진심에서 우러나와야 한다. 유행을 따라 만든 말은 잠시 주목받다 곧 잊힌다. 오직 내 안의 진짜 목소리, 나만의 고유한 시선에서 비롯된 이야기만이 사람들의 마음을 울릴 수 있다.

둘째, 메시지는 누군가의 결핍을 채워야 한다. 곽튜브가 전하는 '불완전해도 괜찮다'는 메시지, '응답하라'의 '관계의 소중함'이라는 메시지, 내 책의 '사과에 서툰 어른들에게'라는 메시지는 모두 현대인의 숨겨진 결핍을 건드린다.

셋째, 메시지는 관계를 만들어야 한다. 일방적인 전달이 아닌, 공감과 연결을 통해 메시지는 비로소 살아있는 콘텐츠가 된다. 메시지가 누군가의 '그래, 나도 그래'라는 고개 끄덕임을 이끌어낼 때, 이미 콘텐츠로써의 변모를 시작한 것이다.

  곽튜브를 볼 때마다 묘한 위로가 찾아온다. 그는 여행을 통해 인생을 이야기하고, 나는 그 메시지를 통해 내 삶을 돌아본다. 메시지란 그런 것이다. 누군가의 이야기가 내 안에 스며들어 나만의 색으로 물드는 순간.

  이것이 내가 15년 기업교육 현장에서 발견한 가장 중요한 통찰이다. 소통의 본질은 '전달'이 아닌 '공명'에 있다는 것. 메시지는 말하는 순간 끝나지만, 콘텐츠는 듣는 이의 마음속에서 계속 살아 움직인다.

  당신도 누군가의 마음속에 살아 움직일 메시지를 갖고 있다. 그것은 화려한 스킬이나 특별한 재능이 아닌, 당신만의 진짜 이야기에서 시작된다.

  다음 장부터 우리는 그 메시지가 어떻게 '돈이 되는 콘텐츠'로 진화하는지, 그 구체적인 과정을 함께 살펴볼 것이다. 소통은 관계고, 관계는 가치가 되며, 그 가치는 다시 경제적 보상으로 이어진다. 당신의 메시지가 세상에, 그리고 당신의 삶에 가져올 변화의 여정을 함께 걸어가보자.

02
결국 통하면 그만이다 – 관계의 언어

소통에 관한 책은 넘쳐난다. 더 효과적으로 말하는 법, 더 설득력 있게 표현하는 법, 더 매력적으로 전달하는 법. 하지만 15년간 소통 교육을 하며 깨달은 가장 큰 진실은 의외로 단순했다. 결국 '통하면 그만'이라는 것. 비즈니스 현장에서 우리는 소통의 기술을 고도화하는 데 집중한다. 하지만 그 모든 기교의 끝에서 우리가 진정으로 원하는 것은 단 하나. 서로가 서로에게 '닿는' 경험이다. 소통의 본질은 기술이 아닌 '관계'에 있다.

서로 다른 감정의 세계가 충돌할 때

남편과 연애하던 시절의 일이다. 저녁 데이트를 약속한 날, 그는 연락도 없이 10분이나 늦게 도착했다. 한 달 동안 이런 일이 반복되자, 나는 더 이상 참을 수 없었다.

"이것 봐. 너는 매번 괜찮지만, 나는 괜찮지가 않아."

그제서야 그의 표정이 변했다. 눈썹이 살짝 올라가고, 눈이 커졌다.

그는 진심으로 놀란 눈치였다.

"정말? 난 네가 10분 정도는 이해해줄 거라고 생각했어."

그 순간 깨달음이 왔다. 문제는 그가 늦은 것이 아니었다. 문제는 우리가 서로 다른 우주에서 살고 있다는 것이다. 같은 공간, 같은 시간에 존재하지만, 우리는 전혀 다른 현실을 경험하고 있었다.

그에게 '10분 늦는 것'은 별문제가 아니었다. "가고 있어."라는 말은 오히려 충분한 배려였다. 하지만 나에게는 달랐다. 기다림은 불안했고, 연락 없는 시간은 무시당하는 기분이었다. 누군가와 대화한다는 것은 본질적으로 두 개의 다른 세계가 충돌하는 작업이다. 매번 충돌만 하다 보면 서로의 모습이 찌그러진다. 관계를 유지하기 위해서는 최대한 세게 충돌하지 않게 천천히 속도를 맞춰가는 과정이 필요하다.

이것이 바로 '인정'의 진정한 의미다. 인정한다는 것은 상대방의 세계가 내 세계와 다를 뿐, 그 자체로 온전하고 타당하다는 것을 받아들이는 것이다. 서로의 온전함을 지키면서도 만날 수 있는 접점을 찾는 것이다.

소통 교육전문가인 나조차도 이 진실을 받아들이는 데 오랜 시간이 걸렸다. "왜 이 사람은 내 마음을 이해하지 못할까?"라는 의문에서 "이 사람의 현실은 내 현실과 다르구나"라는 인식으로 바뀌기까지 말이다.

감정을 판단하지 말고 인정하라. 인정은 서로의 세계가 온전한 채로 만날 수 있는 접점을 찾는 것이다. 두 세계가 부드럽게 공존할 때 비로소 하나의 관계가 가능해진다.

불완전함을 품는 우정의 힘

절친이 왜 절친인지 생각해 본 적 있는가? 오랜 세월이 흘러도 관계가 이어지는 비결은 무엇일까? 우정의 본질은 퍼즐처럼 완벽하게 맞아떨어지는 데 있지 않다. 오히려 맞지 않는 부분이 있음을 알면서도 함께하는 선택에 있다.

고등학생 때부터 만난 친구들과 함께 산에 올랐을 때의 일이다. 정상에서 보는 일출을 기대하며 새벽에 출발했지만, 안개가 짙게 끼어 아무것도 보이지 않았다. 실망한 우리는 묵묵히 하산했다. 막 주차장에 도착했을 때, 한 친구가 말했다.

"사진 좀 찍자. 우리 다 같이,"
"뭘 찍어, 아무것도 안 보였는데."
"그러니까. 안 보인 것도 추억이잖아."

그 순간, 나는 이 친구가 평생 내 곁에 있을 것이라고 확신했다. 성격이 맞아서가 아니다. 오히려 우리는 자주 충돌한다. 그는 불완전한 순간조차 의미 있게 만드는 사람이었다. 친구이기로 했기에 맞취가는 것이다. 그것이 절친이 절친인 이유다.

어린 시절부터 함께해온 이들과는 수많은 추억과 갈등을 공유한다. 우리는 서로의 모난 부분을 너무 잘 안다. 불완전함을 이미 인정했기에, 사소한 부분에 연연하지 않는다. 그렇다고 외면하지도 않는다.

지난 봄, 한 친구와 심하게 다툰 적이 있다. 그는 내가 다른 친구들에게 자신의 이야기를 했다고 오해했다. 감정이 격해져 서로 상처 주는 말을 주고받았다. 돌아오는 길 내내, 심장이 무겁게 느껴졌다. 순간적으로 '이제 끝이구나.' 싶었다.
하지만 그날 밤, 그 친구에게서 메시지가 왔다.
"오늘 너무 화가 나서 과했어. 미안해. 하지만 네가 한 말도 여전히 이해가 안 돼."

스마트폰 화면을 오래 바라보았다. 그 메시지에는 사과와 솔직함, 그리고 여전한 불편함이 모두 담겨 있었다. 완벽한 화해가 아니었다. 그러나 20년 간의 우정은 불편함을 견디는 힘이 있다. 완벽한 이해가 아니라, 불완전한 채로도 계속될 수 있는 관계. 그것이 진짜 관계의 힘이다. 이 세상에 완벽한 관계는 존재하지 않는다. 갈등과 불완전함 속에서도 계속되는 연결이 진짜 관계다.

알아가는 것을 멈추지 않는 40년의 여정

존경하는 부부 한 쌍이 있다. 친구의 부모님인 이 부부는 40년 넘게 함께 해오셨다. 재작년, 그들의 집에 방문했을 때의 일이다.

"또 멀미약 챙겼어요? 그 정도 거리는 괜찮다니까." 그녀의 남편은 멀미에 취약한 아내를 위해 멀미약, 쿠션, 그리고 그녀가 좋아하는 박하사탕까지 조수석에 준비해 두었다.

"40년이나 살았는데 아직도 당신이 꼼지락거리며 멀미할까 봐 걱정되는 걸 어떡해."

친구의 아버지는 무뚝뚝하게 대답했지만, 그 눈빛에는 40년의 사랑이 담겨 있었다. 저녁 식사 때는 또 다른 장면이 펼쳐졌다. 찜닭이 식탁에 올라왔는데, 모든 닭고기에 껍질이 없었다.

"엄마, 또 다 벗긴거야? 얼마나 손이 많이 가." 친구가 물었다.

"별거 아니야. 아버지가 껍질 싫어하는 거 알잖아." 친구 어머니는 담담하게 대답했다. 겉으로 보기에도 여전히 서로를 배려하고 사랑하는 모습이 역력했다. 한번은 궁금해서 물었다.

"어떻게 이렇게 오래 사이좋게 지낼 수가 있어요?"

친구의 아버지는 이미 여러 번 같은 질문을 받아본 듯, 자연스럽게 말했다.

"서로 가장 잘 안다고 생각하는 순간이 가장 위험한 순간이야. 40년이 지나도 아직 모르는 게 있어. 그리고 앞으로도 계속 알아가야 하지."

그 말이 내 마음에 깊이 새겨졌다. 가장 가까운 사이일수록 '이미 다 안다'는 착각에 빠지기 쉽다. 이 부부는 40년이 지나도 여전히 서로를 '알아가는 중'이라고 생각한다. 이것이 그들이 지금까지 '통하는' 관계를 유지해 온 비결이다.

얼마나 아이러니한가. 지금 우리는 SNS로 순간적인 소통을 하고, 답장이 없으면 차단하고, 불편한 관계는 곧바로 정리한다. 온라인 대화창에서 서로 편한 말만 골라 하고, 어려운 대화는 회피한다. 무수한 소통 채널이 있지만, 정작 진짜 '통하는' 관계는 점점 희소해진다.

그 부부에게 관계란 답이 있는 문제가 아니라 끊임없이 풀어가는 과정이었다. 끊임없이 노력하고, 실패하고, 다시 시도하는 여정이다. 완성이 아닌 '계속되는 알아감'이 관계의 본질이 아닐까?

통함의 순간을 위하여

어두운 방에서 스마트폰 화면만 밝게 빛나는 밤, 한 번쯤 이런 생각을 해보지 않았는가? '나는 왜 이렇게 많은 메시지를 주고받으면서도 외로움을 느끼는 걸까?' 소통의 기술에 집착하다 보면, 정작 '통하는 경험'을 놓치기 쉽다. 완벽한 단어 선택, 논리적인 구성, 설득력 있는 전달 방식보다 중요한 것은 진심을 담은 '관계의 언어'이다.

지금 내 주변에 남아있는 사람들은 모두 '통했기 때문'이다. 그들은 내 통신 기록이나 방문 빈도가 아니라, 마음의 접점을 찾아낸 사람들이다. 우리는 서로의 다른 감정을 솔직히 표현하고 인정하며, 완벽하지 않은 관계 속에서도 함께하는 법을 배웠고, 오랜 시간이 지나도 계속해서 서로를 알아가려는 노력을 멈추지 않는다.

통한다는 것은 완벽한 일치가 아니라, 불일치 속에서도 계속 노력했다는 증거다. 진정한 소통은 결과가 아닌 과정이며, 그 과정을 함께하기로 선택한 이들만이 남는다.

"자꾸 소통이 안 돼요."라고 말하는 사람들에게 묻고 싶다. 당신은 상대의 다른 감정을 인정할 준비가 되어 있는가? 불완전한 관계를 견딜 의지가 있는가? 계속해서 상대를 알아가려는 호기심을 유지하고 있는가?

결국 통하면 그만이다. 그 '통함'은 결과가 아닌 여정이다. 뜻이 완벽히 전달되었다는 의미가 아니라, 서로를 향한 마음이 닿았다는 증거다. 그 여정을 위해 우리는 때로는 솔직해지고, 때로는 참고, 때로는 용기 내어 다시 시작해야 한다. 완벽한 소통은 없다. 있다면 그것은 모든 불완전함에도 불구하고 계속되는 '관계'다.

03
당신의 내면을 명쾌하게 표현하고 계신가요?

우리는 말을 많이 한다. 하루에도 수천 개의 단어가 입 밖으로 나온다. 하지만 그 말들이 정작 내면의 목소리를 담고 있는지는 별개의 문제다. 내면을 명쾌하게 표현한다는 것. 이 단순해 보이는 행위가 왜 이토록 어려울까?

내면의 소리는 종종 우리 안에 갇혀 있다. 때로는 그 소리의 존재조차 인식하지 못한 채 살아간다. 내면의 목소리를 끄집어내고, 그것을 진정성 있게 표현하며, 더 나아가 그 표현이 닿을 수 있는 기회를 의도적으로 만들어내는 이 모든 과정이 '내면의 명쾌한 표현'이다.

수많은 교육 현장에서 만나온 사람들의 표정과 반응들, 그 속에서 발견한 패턴이 있다. 진정한 소통의 문제는 기술이나 방법의 부재가 아니라, 표현할 '내용의 부재'에 있다는 것. 내 안에 무엇이 있는지 모른다면, 어떤 탁월한 소통 기술도 공허할 뿐이다.

승진을 거듭한 선배의 비밀

주니어 강사 시절, 일과 관계 모두가 어려웠던 그때의 일이다. 스마트폰 마케팅 교육을 위한 회의가 한창이던 어느 날, 선배 강사 한

분이 내 시선을 사로잡았다. 그는 회의 중에 자신의 감정을 숨기지 않았다. "이 교육 방식은 제가 정말 좋아합니다", "솔직히 이 접근법에 대해서는 조금 우려가 듭니다" 같은 표현을 서슴지 않았다.

처음에는 그의 솔직함이 불편하게 느껴지기도 했다. 교육계에서도 감정 표현은 종종 '비전문적'이라고 여겨지기 때문이다. 하지만 시간이 지날수록 그의 발언에는 항상 사람들이 귀를 기울였고, 그는 승진을 거듭했다.

어느 날 용기를 내어 물었다.

"선배님은 회의 때 감정을 그렇게 드러내도 괜찮나요? 저는 항상 조심스러운데…"

그의 대답은 의외로 단순했다.

"나는 감정을 드러내는 것과 감정적으로 되는 것을 구분하려고 해. 감정적으로 되면 상황을 장악하는 건 내가 아니라 감정이 되거든. 하지만 내 감정을 명확히 표현하면 오히려 내가 상황을 통제할 수 있어."

이 대화 이후 나는 '감정을 드러낸다'는 것과 '감정적이 된다'는 것의 차이를 이해하게 되었다. 전자는 자신의 내면을 정확히 인식하고 표현하는 것이지만, 후자는 감정에 휩쓸려 판단력을 잃는 것이다.

평소 회의에서 "네" "괜찮습니다"라고만 말하던 나는, 조금씩 나의 실제 감정과 생각을 표현하기 시작했다. "이 부분에 대해서는 걱정되는 점이 있습니다" 혹은 "이 아이디어에 정말 확신이 듭니다"라고. 놀랍게도 이런 솔직한 표현이 오히려 나의 의견에 무게를 실어

주었다.

감정을 숨기지 말고 소유하라. 감정에 휩쓸리는 것과 감정을 정확히 표현하는 것은 전혀 다르다. 감정의 주인이 될 때 오히려 더 강력한 영향력이 생긴다.

반딧불이가 대한민국을 환하게 밝힌 순간

최근 한 예능 프로그램에서 만난 가수 황가람의 이야기가 대한민국의 마음을 울렸다. 14년이 넘는 무명 생활 끝에 그가 부른 '나는 반딧불'이라는 노래는 많은 이들의 가슴을 파고들었다.
"나는 내가 빛나는 별인 줄 알았어요. 한 번도 의심한 적 없었죠. 몰랐어요, 난 내가 벌레라는 것을"
이 가사를 들었을 때, 나는 깊은 울림을 느꼈다. 누구나 한 번쯤 가졌을 좌절감, 스스로가 작고 보잘것없게 느껴지는 그 순간들을 떠올리게 했다.

황가람은 과거 가수의 꿈을 품고 고작 200만 원을 들고 상경해 147일간 노숙 생활을 했다고 털어놨다. 지하철역, 찜질방, 만화방을 전전하며 음악의 꿈을 놓지 않았던 시간. 그 시간이 1년이 되고, 5년이 되고, 10년이 넘어가도 그는 여전히 무명이었다.

그가 부른 것은 '반딧불이'였지만, 그가 전달한 것은 결코 희미한 빛이 아니었다. 그것은 14년 간의 인내와 좌절, 그리고 그럼에도 불구하고 포기하지 않은 열정이라는 '뜨거운 불꽃'이었다.

황가람이 전한 것은 노래 그 자체가 아니다. 그의 진솔한 이야기가 수많은 사람들의 가슴에 공명했기에 '국민 위로송'이 될 수 있었다. 가장 개인적인 좌절의 경험을 드러냈을 때, 그것은 역설적으로 가장 보편적인 공감대를 형성했다.

한 번도 스포트라이트를 받지 못했던 무명가수의 노래가 어떻게 전 국민의 마음을 울릴 수 있었을까? 그것이 바로 진정성이 가진 힘이다. 황가람이 자신만의 이야기, 자신만의 감정, 자신만의 경험을 노래했을 때 비로소 그의 음악은 사람들의 마음 깊은 곳을 뒤흔들었다.

나에게 수천 명의 교육 참가자 중에서 가장 인상적이었던 사람은 누구였을까? 세련된 발표 기술을 가진 직원? 화려한 ppt를 만든 팀장이나 임원? 아니다. 자신만의 경험과 고민을 솔직하게 나눈 평범한 직원이었다. 우리는 모두 타인의 진정성 있는 내면 표현에 반응한다.

진짜 이야기를 말하라. 빌려온 언어와 경험이 아닌, 당신만의 목소리로 말할 때 비로소 사람들은 귀를 기울인다. 진정성은 어떤 기교보다 강력하다.

세렌디피티를 디자인하다

내가 '사과를 망설이는 어른에게'라는 책을 쓰게 된 계기는 무엇이었을까? 단순한 우연일까, 아니면 필연이었을까? 돌이켜보면 내 인생의 중요한 전환점들은 모두 '우연을 가장한 의도된 세렌디피티'

였다. 15년 간의 안정적인 직장 생활을 뒤로하고 새로운 도전을 시작했을 때, 나는 내 내면의 목소리가 닿을 수 있는 장소를 의도적으로 찾아다녔다.

독서 모임, 작가 워크숍, 소통 관련 강연회. 이런 공간들은 단순한 네트워킹의 장이 아니라, 내 내면의 소리가 공명할 수 있는 환경이었다. 그 공간에서 나는 조금씩 내 이야기를 하기 시작했다. 처음에는 서툴렀지만, 점차 내 이야기에 공감하는 사람들을 만났다.
"당신의 경험이 책이 되면 좋겠어요."

한 독서 모임에서 누군가 건넨 이 한마디가 '사과를 망설이는 어른에게'의 시작점이 되었다. 그것은 우연처럼 보였지만, 사실은 내가 내 내면을 표현할 수 있는 환경에 의도적으로 나를 노출시킨 결과였다.

많은 사람들이 '기회'를 기다린다. 하지만 진정한 기회는 기다리는 것이 아니라, 만들어가는 것이다. 당신의 내면에 귀 기울이고, 그것을 표현할 수 있는 공간을 적극적으로 찾아 나서는 것. 이것이 세린디피티를 만드는 비결이다.

기회는 찾는 자의 것이다. 내면의 목소리를 표현할 공간을 적극적으로 찾아 나서라. 의미 있는 우연은 결코 우연이 아니다.

내면을 명쾌하게 표현한다는 것은 무엇일까?

그것은 단순히 마음속에 있는 생각을 그대로 내뱉는 것이 아니다.

진정한 내면의 표현은 자신의 감정을 인식하고 그 감정의 주인이 되는 것, 자신만의 고유한 경험과 관점을 찾아내는 것, 그리고 그것이 닿을 수 있는 기회를 의도적으로 만들어가는 것이다.

왜 이것이 중요할까? 내면을 명쾌하게 표현할 때 우리는 세 가지 변화를 경험한다.

첫째, 관계의 깊이가 달라진다. 선배 강사처럼 감정을 명확히 표현할 때, 오히려 사람들은 당신의 말에 더 귀를 기울이고 신뢰를 보낸다. 진정성은 신뢰의 토대이기 때문이다.

둘째, 영향력이 커진다. 황가람처럼 자신만의 진짜 이야기를 전할 때, 그 메시지는 사람들의 마음에 더 깊이 스며든다. 독창성은 진정한 영향력의 원천이다.

셋째, 기회가 확장된다. 내 내면의 소리가 닿을 수 있는 환경을 의도적으로 찾아갈 때, 의미 있는 세린디피티를 경험하게 된다. 내면의 명쾌한 표현은 새로운 가능성의 문을 여는 시도다.

내면을 명쾌하게 표현하는 것은 용기가 필요한 일이다. 그것은 때로 자신의 취약함을 드러내는 일이고, 익숙한 방식에서 벗어나는 일이며, 안전지대를 벗어나는 일이기 때문이다. 하지만 그 용기를 냈을 때, 우리는 비로소 진정한 소통의 힘을 경험하게 된다.

당신의 내면에는 어떤 소리가 있는가? 그 소리를 얼마나 명쾌하게 표현하고 있는가? 그리고 그 표현이 닿을 수 있는 곳은 어디인가?
이제는 내면의 소리를 찾는 것만큼 중요한 것은, 그 소리가 타인의 마음에 닿도록 하는 방법을 알아볼 차례다.

04
공감을 부르는 4가지 메시지 기술

진정한 메시지의 힘은 전달에서 끝나지 않는다. 메시지가 상대방의 마음속에 스며들어 공감을 일으킬 때, 비로소 그 진가를 발휘한다. 우리는 이제까지 내면의 진솔한 표현이 얼마나 중요한지 살펴보았다. 하지만 진솔함만으로는 부족하다. 나의 진심이 상대방에게 온전히 닿기 위해서는 공감을 불러일으키는 기술이 필요하다.

마치 보이지 않는 다리처럼 서로 다른 두 사람의 마음을 이어주기 때문이다. 그런데 이 다리를 놓는 방법에는 생각보다 명확한 패턴이 있다.

나의 이야기가 모두의 이야기가 되는 기적

강의 7년 차였던 어느 날, 서울의 한 강연장에서 일이 벌어졌다. 약 100명의 유통 업체 직원들이 모인 그 자리에서 나는 '서로의 지친 마음을 알아주기', '가끔은 말 대신 전하는 위로의 눈길과 믿어주는 손길'에 대해 이야기하고 있었다. 강연장의 한 귀퉁이에서 한 중년 여성이 눈물을 훔치는 모습이 보였다. 내가 하는 이야기에 누군가 이렇게 깊이 공감할 거라고는 전혀 예상하지 못했다.

"매장에서 고객들을 응대하면서 느끼는 마음의 소진이 너무 컸어요. '서로의 지친 마음을 알아주는 것만으로도 큰 위로가 된다'는 말에 눈물이 났습니다. 제가 그게 필요했나 봐요."

그 순간 깨달았다. 단 한 명의 진심 어린 공감이 전체 분위기를 바꿀 수 있다는 것을. 공감은 전염된다. 한 사람의 열정적인 호응은 주변 사람들에게 빠르게 퍼져나가 전체 분위기를 바꿔놓는다.

이것이 바로 첫 번째 공감의 패턴이다. 개인적인 경험을 보편적 감정으로 연결하는 능력이다. 우리의 가장 개인적인 이야기가 종종 가장 보편적인 공감을 불러일으킨다. 왜냐하면 인간의 기본 감정은 놀라울 정도로 비슷하기 때문이다.

다르게 말하기보다 다르게 보기의 힘

나는 한때 언어의 기술에만 집중했다. 더 세련된 표현, 더 매끄러운 문장, 더 강력한 수사법을 배우면 더 좋은 소통이 가능할 거라 믿었다. 하지만 내 메시지가 진정한 공감을 얻기 시작한 것은 '말하는 방식'이 아니라 '보는 방식'을 바꾸었을 때였다. 함께 근무했던 옆 팀 팀장과의 대화가 생각난다. 그는 팀원들과의 소통 문제로 심각하게 고민하고 있었다.

"나는 항상 정중하게 말하고, 긍정적인 피드백을 주려고 노력해. 하지만 팀원들은 여전히 내 말을 방어적으로 받아들이고 진심으로 다가서지 않아."

그의 탄식이 언제나 나에게는 '문제를 해결하지 못한 사람의 탄식'으로 느껴졌기 때문에, 나는 솔직하게 물어보았다.

"팀장님에게 팀원들은 해결해야 할 '문제'인가요?"

그 순간 그의 표정이 굳어졌다. 침묵이 흘렀다. 그리고 그는 천천히 고개를 끄덕였다. 이것이 바로 공감을 가로막는 가장 큰 장벽이다. 상대방을 온전한 한 사람으로 보지 않고, 해결해야 할 '문제'나 관리해야 할 '대상'으로 보는 순간, 진정한 공감은 불가능해진다. 아무리 좋은 말과 기술을 사용해도 내가 상대를 어떻게 바라보는지는 언어를 넘어 전달된다.

그 후로 그 팀장은 팀원들을 바라보는 관점을 바꾸기 시작했다. 놀랍게도 불과 한 달 만에 팀 분위기가 완전히 달라졌다고 한다. 특별한 말하기 기술을 배운 것도 아닌데 말이다.

두 번째 공감을 부르는 패턴은 말하기의 기술이 아니라 보기의 관점에서 시작된다. 당신이 상대방을 어떻게 바라보느냐가 모든 메시지의 기반이 된다.

편한 진실이 만드는 깊은 공감

많은 이들이 공감이란 항상 편안하고 긍정적인 감정을 주는 것이라고 생각한다. 하지만 우리는 종종 좋다고 생각하는 것에 매몰되는 습관이 있다. 좋은 것만 말하다 보면 오히려 그것이 과해져 부작용을 낳는다.

세상에는 수많은 좋은 교육 방법론과 소통 기법들이 있다. 하지만 나는 그중에서도 특히 '부작용'에 대해 꼭 언급하는 편이다. 어떤 특정한 스킬이나 기법도 잘못 활용했을 때는 문제가 될 수 있기 때문이다. 말을 하는 기술이든, 듣는 방법이든 그 한계와 부작용을 알아야 진정한 활용이 가능하다.

아무리 좋은 말도 과하면 오히려 거짓되게 들린다. 경청한다는 것도 마찬가지다. 무조건 고개를 끄덕이는 경청은 진정한 공감이 아니라 그저 형식에 불과하다. 진짜 공감은 때로 불편한 진실을 마주하게 하는 용기다. 내가 강의 때 종종 하는 말이 있다.

"지금 알려드릴 것은 늘 좋다고만 할 수 없습니다. 어떻게 쓰냐에 따라 결과가 달라집니다. 여러분만의 것으로 만드시는 게 제일 중요합니다."

변화를 이야기할 때 대부분은 긍정적인 측면과 희망에 집중한다. 하지만 진정한 변화를 위해서는 현실을 직시해야 한다. 기존 방식에 불편함이 온다는 사실을 인정해야 한다. 불편한 진실을 공유하는 것이 바로 가장 현실적인 공감이다.

이것이 세 번째 공감의 패턴이다. 때로는 편안함보다 변화를 만드는 불편한 진실이 더 깊은 공감을 이끌어낸다. 완벽함보다는 진실성이, 화려함보다는 솔직함이 더 강력한 공감을 만들어낸다.

현재의 감정에 이름 붙이기

 마지막 공감 패턴은 가장 단순하면서도 가장 강력하다. 바로 '지금-여기'의 감정에 정확한 이름을 붙이는 것이다. 이 기술은 공감의 핵심을 건드린다. 사람들이 가장 원하는 것은 자신의 감정이 인정받고 이해받는 것이기 때문이다.

 세일즈 신규입사자 교육 현장에서 있었던 일이다. 열 명의 신입사원들이 제품명도 외워야 하고, 고객 응대 롤플레잉까지 해내야 하는 빡빡한 일정의 교육이었다. 게다가 모든 과정이 평가된다는 압박감까지 더해져 교육장의 분위기는 무거웠다. 신입사원들의 얼굴에서는 긴장과 두려움이 역력했다.
나는 교육을 시작하기 전에 이렇게 물었다.
"현재의 감정이 어떤지 한번 공유해볼까요?" 처음에는 아무도 대답하지 않았다. 그러다 한 신입사원이 조심스럽게 말했다.
"솔직히 많이 떨립니다." 그 말에 다른 사람들도 하나둘 입을 열었다.
모든 직원이 다 떨리고 자신 없다는 공통된 이야기를 나누자, 나는 그 부분에 대해 한번 더 짚어주었다.
"이 자리는 완벽한 모습을 보여주기 위한 자리가 아니라 부족한 부분을 찾아서 함께 성장하는 자리입니다."
 이 말 한마디가 교육장의 분위기를 완전히 바꿔놓았다. 신입사원들의 얼굴에서 긴장이 풀리고, 질문도 활발해졌다. 한 신입사원은 롤플레잉에서 실수를 하고 난 후에도 웃으며 다시 도전했다. 그날 오후, 교육은 놀라울 정도로 활기찬 분위기 속에서 진행되었다.

공간에 존재하는 감정을 정확히 이름 붙여 표현하는 것은 마치 '방 안의 코끼리'를 지목하는 것과 같다. 즉, 모두가 알고 있지만 불편해서 언급하지 않는 그 명백한 감정에 직접 이름을 붙이는 순간, 숨겨진 긴장이 해소되고 진정한 공감의 문이 열린다.

당신이 지금 느끼는 감정을 나도 알고 있다고, 그리고 그 감정은 자연스럽고 받아들일 만한 것이라고 인정해주는 행위다. 이것이 진정한 공감의 시작점이다.

이 네 가지 패턴을 통해 우리는 단순한 의사소통을 넘어 진정한 공감을 이끌어내는 메시지를 만들 수 있다. 공감은 결코 조작이나 기교의 영역이 아니다. 그것은 진정성과 용기의 영역이다. 진정한 메시지는 머리에서 머리로 가는 것이 아니라, 마음에서 마음으로 향한다. 그리고 그 여정에서 우리는 놀라운 발견을 하게 된다.

우리가 다른 사람의 마음에 다가가기 위해 노력할수록, 우리 자신의 내면에 대한 깊은 이해가 시작된다는 것을 알아차린다.

05
소리 없이 강력한 스토리텔링 전향 top 3

소리 없이 강력한 스토리텔링이란 무엇일까? 그것은 겉으로 드러나지 않지만 상대방의 내면에 깊이 스며드는 이야기의 힘이다. 화려한 수사나 거창한 표현이 아니라, 상대방의 마음을 정확히 읽고 그 지점에 닿는 이야기를 전하는 능력이다. 그것은 상대방을 설득하는 과정이 아니라, 상대방이 스스로 깨닫게 하는 여정이다.

모든 상황에는 그에 맞는 스토리텔링이 있다. 때로는 감성을, 때로는 논리를, 때로는 현실을 강조해야 할 때가 있다. 어떤 상황에서 어떤 이야기를 들려줄 것인가? 이제 그 전략적 전향의 핵심을 살펴보자.

고객의 삶과 연결되는 이야기

통신사 판매 교육 현장에서 있었던 일이다. 매년 판매왕들의 성공 사례를 모아 Best Practice라는 이름으로 공유하는 시간이 있다. 그 자리에 참석한 신입 직원들은 항상 비슷한 질문을 던진다.

"판매왕들은 어떤 특별한 화법이나 기술이 있나요?"

모든 휴대폰은 거기서 거기다. 통신사 요금제도 크게 다르지 않다. 그런데 어떤 매장은 다른 매장보다 판매량이 두 배, 세 배 높다. 그 비결은 의외로 단순하다. 사람들은 기기나 요금제를 사는 것이 아니라, 그것을 설명하는 사람의 감수성에 반응한다. 판매왕들은 고객의 필요를 단순히 '요금제'나 '기기 스펙'으로 해석하지 않는다. 그들은 고객의 일상과 삶의 맥락 속에서 필요를 발견한다.

"어머니, 영상통화 많이 하시나 봐요. 손자들과 자주 통화하시나요?"

"아버님, 골프 유튜브 많이 보시나 봐요."

이런 한마디가 단순한 판매 대화를 인간적인 교류로 바꾼다. 성능과 가격의 싸움에서, 감수성은 예상치 못한 승부수가 된다. 고객은 자신을 진정으로 이해해주는 사람에게서 구매한다. 그것은 마음의 온도가 전해지는 순간이다.

이것이 바로 효과적인 스토리텔링의 첫 번째 핵심이다. 단순한 정보 전달이 아닌, 고객의 삶과 연결된 이야기를 들려주는 것이다. 스토리텔링은 제품 설명이 아니라 고객의 삶에 그 제품이 가져올 의미를 보여주는 과정이다. 감정 연결을 통해 고객은 단순한 소비자가 아닌 이야기 속 주인공이 된다. 그리고 주인공은 자신의 이야기에 투자한다.

감정을 잠재우는 정확한 정보의 힘

국내 대형 테마파크에서 근무하며 경험한 장면이 떠오른다. 어린이날이나 휴가철이면 어트랙션(놀이기구) 대기 시간이 길어져 고객 불만이 폭주했다. 이럴 때 신입 직원들이 자주 범하는 실수가 있다.
"네, 손님. 사람이 많아서 불편하시죠? 저희도 정말 죄송합니다."

언뜻 공감하는 것처럼 보이지만, 이런 대응은 오히려 고객의 불만을 증폭시킨다. 문제는 감정에 감정으로 대응하는 것이다. 이때 가장 효과적인 것은 담담하게 사실을 전달하는 논리적 접근이다.
"현재 테마파크 입장객은 약 25,000명으로, 평상시 평일 동일시간의 두 배입니다. 어린이날 특별 공연과 신규 어트랙션 오픈으로 인해 평소보다 많은 인파가 몰렸습니다. 현재 이 어트랙션의 예상 대기 시간은 60분이며, 옆의 워터라이드는 30분으로 비교적 짧은 편입니다."

구체적인 숫자와 객관적 사실은 고객의 감정을 가라앉히는 힘이 있다. 단순히 "죄송합니다"라고 할 때보다, 정확한 정보를 제공할 때 고객은 상황을 더 잘 이해하고 받아들인다. 그리고 나서 대안을 제시한다.
"저희가 어린이들을 위해 특별히 준비한 캐릭터 퍼레이드가 20분 후에 시작됩니다. 그 시간에는 이 어트랙션의 대기 시간이 절반으로 줄어들 것으로 예상됩니다."

이것이 바로 효과적인 스토리텔링의 두 번째 핵심이다. 좋은 스토리텔링은 단순히 감정에 호소하는 것이 아니라, 명확한 사실과 데이터로 이야기에 뼈대를 세우는 것이다. 테마파크 사례에서 25,000명의 입장객 수치, 60분의 대기 시간, 그리고 20분 후의 퍼레이드와 같은 구체적 정보는 이야기에 신뢰성을 부여한다.

스토리텔링은 단순한 환상이 아니라 현실에 기반한 이야기여야 한다. 정확한 데이터를 통해 고객은 감정적 반응을 넘어 합리적인 판단을 내릴 수 있게 된다. 이것이 감정을 자극하면서도 행동의 근거를 제공하는 진정한 스토리텔링의 힘이다.

'되고 있다'의 현재성이 만드는 신뢰의 순간

TV 홈쇼핑을 보면 한 가지 공통점이 있다. 특히 베테랑 쇼호스트일수록 '지금 당장'의 변화를 강조한다.
"이 크림을 바르고 나서 5분 후, 바로 확인해 보세요."
"지금 전화주시면, 일주일 후 저녁 식탁의 분위기가 달라집니다."
"한 번 사용하시면 내일 아침 거울을 볼 때 차이를 느끼실 겁니다."

그들은 결코 '몇 개월 후에 효과가 있을 것'이라고 말하지 않는다. 사람들은 먼 미래의 불확실한 약속보다 당장 눈앞에서 일어나는 변화에 더 강하게 반응한다. 이것은 홈쇼핑만의 비법이 아니라 인간 심리의 기본 원리다. 교육 현장에서도 마찬가지다.
"이 교육을 받으면 6개월 후에 더 좋은 성과를 낼 수 있을 것입니다"라는 말은 설득력이 약하다. 대신 나는 변화의 시간표를 구체적으로 제시한다.

"오늘 이 자리에서 배우는 대화 기법을 내일 아침 첫 미팅에서 바로 활용해보세요. 그러면 다음 주 월요일 회의에서는 동료들의 반응이 달라질 것이고, 한 달 후에는 이 기법이 여러분의 습관이 될 것입니다."

당장의 변화를 보여줄 때, 우리는 더 이상 '설득'하지 않는다. 사람들이 스스로 증거를 경험하게 하는 것이다. 미래에 대한 모호한 약속은 의심을 불러일으키지만, 눈앞에서 벌어지는 변화는 확신을 준다. 신뢰는 '될 것이다'가 아니라 '되고 있다'에서 시작된다. 이것이 효과적인 스토리텔링의 세 번째 핵심이다. 강력한 스토리는 미래의 약속이 아니라 현재의 경험을 제공한다. 홈쇼핑 호스트가 단순히 제품을 설명하는 것이 아니라 고객이 당장 경험할 수 있는 변화의 이야기를 들려주는 것처럼, 모든 효과적인 스토리텔링은 '지금, 여기'에 초점을 맞춘다. 이야기가 당장의 현실로 다가올 때, 사람들은 그 이야기의 일부가 되기 위해 행동하게 된다.

삶과 연결, 사실 기반 설득, 그리고 즉각적 결과. 이 세 가지는 소리 없이 강력한 영향력을 발휘한다. 이들은 단순한 기술이 아니라 효과적인 스토리텔링의 본질을 이룬다.

감정 연결은 고객이 이야기에 주인공으로 참여하게 만든다. 매장에서 아버님의 골프 취미를 언급하는 순간, 그는 단순한 구매자가 아니라 이야기의 중심이 된다. 사실 기반 설득은 감정적 몰입 이후에 행동의 근거를 제공한다. 테마파크의 구체적인 대기시간과 대안은 고객에게 선택의 자유와 통제감을 돌려준다. 즉각적 결과 강조는 이야기를 현실로 바꾸는 마지막 단계다. "내일 아침 첫 미팅에서"라는 구체적 시점은 추상적인 변화를 만질 수 있는 경험으로 바꾼다.

진정한 스토리텔링의 힘은 화려한 말이나 기교가 아니다. 그것은 사람의 마음과 이성, 그리고 행동을 자연스럽게 연결하는 과정이다. 우리가 고객의 삶에 공감하고, 정확한 정보로 신뢰를 쌓고, 당장의 변화를 보여줄 때, 우리의 이야기는 소리 없이, 그러나 가장 강력하게 상대방의 행동을 이끌어낸다.

소리 없이, 그러나 강력하게. 그것이 진정한 스토리텔링의 힘이다.

06
경험이 돈이 되도록 콘텐츠를 재구성하다

우리는 매일 수많은 콘텐츠에 노출된다. 메시지의 홍수 속에서 사람들이 정말로 반응하는 콘텐츠는 무엇일까? 그것은 바로 '시행착오를 줄여주는 경험'이다. 내가 15년간 교육 현장에서 몸소 깨달은 진실이다.

모든 콘텐츠는 우리 삶과 밀접하게 연결되어 있다. 그러나 사람들은 자신의 실패와 시행착오를 줄여줄 수 있는 콘텐츠에 가장 강하게 반응한다. 왜일까? 모든 사람은 더 나은 삶, 더 효율적인 과정, 더 적은 실패를 원하기 때문이다.

실패를 줄이는 인사이트

대기업 영업사원 교육 현장에서 흥미로운 패턴을 발견했다. 성공 사례보다 실패 극복 사례를 공유할 때 교육생들의 집중도가 확연히 높아졌다. 신경과학 연구에 따르면 인간의 두뇌는 긍정적 경험보다 부정적 경험에 더 민감하게 반응한다. 이것은 생존 본능에서 비롯된 것으로, 위험과 실패를 피하려는 본능적 욕구가 더 강하게 작용하기 때문이다.

한 베테랑 영업사원이 신입들에게 첫 고객 상담에서 제품 스펙만 장황하게 설명했다가 실패한 경험을 공유했다. 그리고 그 실패를 극복하기 위해 고객의 상황을 먼저 파악하는 질문법을 개발했고, 이로 인해 영업 실적이 30% 상승했다는 결과까지 덧붙였다. 이 순간 교육장의 분위기가 완전히 바뀌었다. 신입사원들은 일제히 필기를 시작했고, 눈빛이 달라졌다.

왜 그럴까? 그 베테랑 영업사원의 경험이 신입들에게 실패를 건너뛸 수 있는 지름길을 제공했기 때문이다. 사람들은 성공담보다 실패 극복담에서 더 많은 것을 배운다. 그러나 이는 단순히 실패를 이야기하라는 뜻이 아니다. 실패를 통해 발견한 해결책, 그리고 그 해결책을 통해 얻은 성과까지 함께 제시해야 한다. 이것이 시행착오를 줄이는 콘텐츠의 핵심이다.

금융권 고객 응대 교육에서도 이 원리가 확인되었다. 고객이 화가 나서 목소리를 높였을 때 맞대응했다가 상황이 악화된 사례, 그리고 이를 해결하기 위해 오히려 목소리를 낮추고 천천히 말하는 기법을 통해 민원 처리 시간이 평균 7분 단축된 결과를 공유했다. 이런 콘텐츠는 듣는 사람에게 어려움을 이겨내는 구체적인 방법을 제시하기 때문에 강력하다.

사람들은 강사의 메시지에서 "나는 이제 실패를 덜 할 수 있다"는 확신을, 영업사원의 제안에서 "앞으로 나는 조금 더 편해질 수 있다"는 안도감을 느낀다.

경험이 돈이 되는 콘텐츠로 재탄생하기 위해서는 자신의 시행착오를 분석하여, 다른 사람들의 실패를 줄여줄 수 있는 인사이트를 발견하는 것이 필요하다.

모두에게 딱 맞는 옷은 없다: 맞춤형 콘텐츠의 가치

똑같은 주제도 누구에게 전달하느냐에 따라 완전히 달라져야 한다. 이것이 경험이 돈이 되는 콘텐츠로 거듭나는 두 번째 비결이다. 청중의 현실에 완벽하게 들어맞는 메시지만이 진정한 가치를 인정받는다.

대기업 리더십 과정에서 '소통'이라는 동일한 주제를 직급별로 다르게 설계한 사례가 있다. 처음에는 모두에게 같은 내용을 전달하려 했지만, 곧 이것이 얼마나 잘못된 접근법인지 깨달았다. 마치 모든 사람에게 동일한 사이즈의 옷을 입히려 했던 것과 같았다. 결국 모두에게 딱 맞는 옷은 없다는 사실을 깨달았다. 신입사원, 중간관리자, 팀장, 임원급 모두 '소통'에 대한 각자의 맥락과 필요가 달랐다.

신입사원에게 소통은 자신의 의견을 효과적으로 전달하는 문제였다. 그들에게는 결론을 먼저 말하고, 세 가지 근거를 제시한 뒤, 다시 결론으로 마무리하는 '3단계 의견 구조화 기법'이 필요했다.

대리나 과장급에게 소통은 팀원과 상사 사이에서 정보를 효과적으로 전달하는 문제였다. 이들에게는 상사에게 문제와 함께 대안을 항상 세트로 제시하는 '상향 소통의 원칙'이 유용했다.

팀장에게 소통은 팀의 다양한 목소리를 이끌어내고 조율하는 문제였다. 그들에게는 모든 팀원의 의견을 차례로 들어보는 '라운드 로빈' 방식이 효과적이었다.

임원에게 소통은 전략적 메시지를 조직 전체에 명확히 전달하는 문제였다. 이들에게는 핵심을 세 문장 이내로 요약하는 '메시지 단순화 기술'이 도움이 되었다.

이처럼 같은 주제도 대상의 맥락에 맞게 재구성되어야 한다. 한 대형 유통기업 교육에서 매장 내 위치별로 다른 고객 응대 콘텐츠를 제공했을 때, 참가자들은 "이제야 정말 내 상황에 맞는 교육을 받았다"고 평가했다. 10년 경력의 한 직원은 이전의 어떤 교육보다 실용적이었다고 평가했는데, 그 이유는 단 하나였다. 정확히 그 사람의 상황에 맞는 내용이었기 때문이다.

경험이 돈이 되는 콘텐츠가 되기 위해서는 상대방의 맥락에 완벽하게 녹아드는 맞춤형 접근이 필수다. 모두에게 딱 맞는 옷이 없듯이, 모든 이에게 적용되는 보편적인 원칙보다는 특정 상황과 역할에 맞춘 구체적인 가이드가 훨씬 더 가치 있다. 당신의 경험에서 추출한 지혜를 상대방이 자신의 상황에 바로 대입할 수 있도록 재구성할 때 비로소 그 콘텐츠는 진정한 가치를 갖게 된다.

콘텐츠도 식후 30분

경험이 돈이 되는 콘텐츠로 변모하기 위한 세 번째 비결은 철저한 실용성이다. 아무리 감동적인 이야기라도, 청중이 그것을 자신의 삶에 당장 적용할 수 없다면 그저 흥미로운 일화로 끝날 뿐이다.

강의 경력 초반에는 '성공 스토리'에 집중했다. 어떻게 어려움을 극복하고 목표를 달성했는지, 그 드라마틱한 과정을 전달하는 데 열중했다. 하지만 점차 깨달았다. 청중은 나의 성공 여부에 관심이 없다. 그들이 정말 알고 싶은 것은 "나도 그렇게 할 수 있을까?"라는 질문의 답이다. 효과적인 콘텐츠란 약과 같다. 아무리 좋은 약이라도 복용법과 정확한 시간을 알려주지 않으면 효과를 기대하기 어렵다. 약사들이 "식후 30분에 물과 함께 드세요"라고 구체적인 지침을 주는 것처럼, 가치 있는 콘텐츠도 언제, 어떻게 적용할지 명확한 시점과 방법을 제시해야 한다.

프레젠테이션 교육에서 단순히 "자신감 있게 말하세요"라고 조언하는 대신, "발표 시작 3분 전, 깊게 숨을 세 번 들이쉬고 자신의 핵심 메시지를 마음속으로 한 번 되새기세요"라고 구체적인 행동과 타이밍을 알려줄 때 청중은 즉시 실행할 수 있는 도구를 얻게 된다.

고객 상담 교육에서도 마찬가지다. "공감해 주세요"라는 추상적인 조언보다 "고객이 불만을 표현할 때 3초간 침묵하며 경청하고, 그 후 '그런 경험을 하셨군요, 정말 불편하셨겠습니다'라고 먼저 감정을 인정해 주세요"라는 순서와 방법을 알려줄 때 실질적인 변화가 시작된다. 이후 모든 경험을 콘텐츠로 재구성할 때 세 가지 질문을 던지기 시작했다.

'이 경험에서 누구나 당장 적용할 수 있는 구체적인 방법은 무엇인

가?'

'정확히 언제, 어떤 상황에서 이 방법을 사용해야 하는가?'

'완전히 다른 상황에서도 응용 가능한 원칙은 무엇인가?'

이런 질문들이 콘텐츠의 방향을 완전히 바꿔놓았다. 화려한 성공담보다, 그 과정에서 발견한 실용적인 통찰과 구체적인 적용 시점에 중점을 두게 된 것이다. 마치 좋은 약이 정확한 복용법과 함께 제공될 때 효과가 극대화되듯, 좋은 콘텐츠도 정확한 적용 시점과 방법을 알려줄 때 그 가치가 빛난다.

콘텐츠의 실용성을 확인하는 간단한 테스트가 있다. "이걸 듣고 나서 내일 아침에 무엇을 다르게 할 수 있을까?" 이 질문에 명확한 답이 있다면, 그 콘텐츠는 실용적이다. 모든 강의 자료를 이 질문으로 검증하고, 청중들이 바로 적용할 수 있는 '실행 계획'을 항상 포함시킬 때 콘텐츠의 가치는 배가된다.

경험의 재구성, 가치의 창출

우리 모두에게는 수많은 경험이 있다. 그러나 그 경험이 자동으로 가치 있는 콘텐츠가 되는 것은 아니다. 진정한 가치는 경험을 재구성하는 과정에서 탄생한다. 시행착오를 줄여주는 인사이트를 제공할 때, 대상에 100% 맞춤화된 메시지를 전할 때, 그리고 누구나 당장 적용할 수 있는 실용적인 방법을 제시할 때, 비로소 경험은 돈이 되는 콘텐츠로 거듭난다.

이는 단순한 이야기 전달이 아니라 가치 창출의 과정이다. 우리의 경험은 그저 과거의 기록이 아니라, 누군가의 미래를 바꿀 수 있는 자산이 된다. 강사의 말 한마디에서 수강생이 "이제 나는 실패를 덜 할 수 있겠다"고 느낄 때, 영업사원의 제안에서 고객이 "내 삶이 조금 더 편해질 것 같다"고 느낄 때, 우리의 경험은 진정한 가치를 지니게 된다.

경험을 재구성하는 것은 단순한 기술이 아니라 관점의 전환이다. 당신의 경험을 자신만의 소유물이 아닌, 타인에게 전달할 가치 있는 선물로 바라보는 것. 그리고 그 선물이 받는 사람의 시행착오를 줄이고, 그들의 상황에 완벽하게 맞으며, 당장 실행 가능한 형태로 포장하는 것이다.

당신의 삶에는 이미 충분한 원석이 있다. 이제 필요한 것은 그 원석을 가치 있는 보석으로 다듬는 세공사의 손길이다. 누군가의 시행착오를 줄여줄 수 있는 인사이트를 발견하고, 그들의 상황에 맞게 맞춤화하며, 당장 적용 가능한 형태로 제시하라. 그때 당신의 경험은 단순한 추억을 넘어, 타인의 삶을 변화시키는 가치 있는 자산이 될 것이다.

07 '관계소통' 하나로 인생역전이 시작된다

    어떤 콘텐츠가 시대를 초월해 항상 사람들의 관심을 끌까? 최신 투자 정보? 건강 비결? 성공한 사람들의 습관? 이 모든 것들도 중요하지만, 인간이 태어나서 죽는 순간까지 평생 목마름을 느끼는 가장 근본적인 주제가 있다. 바로 '관계소통'이다.

    관계와 소통은 인생의 모든 영역과 시기에 걸쳐 영향을 미친다. 아이가 첫 말을 배울 때부터, 학창 시절 친구를 사귀고, 직장에서 동료와 협업하며, 가정을 이루고, 노년에 이르기까지. 어떤 분야에서 성공하든, 어떤 길을 선택하든, 관계소통 능력은 삶의 질과 성취의 깊이를 결정한다.

    역설적이게도, 이토록 중요한 주제임에도 우리는 관계소통을 체계적으로 배우지 않는다. 마치 숨쉬기처럼 당연하게 여기면서, 동시에 평생 그것으로 어려움을 겪는다. 그래서 나는 감히 말한다. 관계소통 하나만 제대로 이해하고 실천해도 당신의 인생은 역전될 수 있다.

코에 걸면 코걸이, 귀에 걸면 귀걸이

우리는 종종 이런 경험을 한다. 가족에게 진심 어린 조언을 하면 "내 인생에 간섭하지 마"라는 반응이 돌아오지만, 똑같은 말을 친구에게 하면 "정말 고마워"라는 대답을 듣는다. 가족에겐 잔소리꾼이 되고, 친구들 사이에선 따뜻한 조언자가 되는 이 상황은 많은 사람들에게 혼란을 준다.

이것이 바로 관계소통의 가장 큰 특징이다. 정답이 없다는 것이다. 동일한 말과 행동이 상대와의 관계 맥락에 따라 전혀 다른 의미로 해석된다. 코에 걸면 코걸이, 귀에 걸면 귀걸이가 되는 것이다. 특히 가족, 직장, 친구 관계에서 우리는 종종 같은 소통 방식을 기대하지만, 각 관계는 완전히 다른 역학을 갖고 있다. 부모님께 친구에게 하듯 농담을 던졌다가 무례하다고 여겨지기도 하고, 반대로 친구에게 부모님처럼 조언했다가 거리감을 느끼게 하기도 한다.

솔직하고 직설적인 성격의 사람들은 오랜 친구들 사이에서는 '진정성 있는 사람'으로 여겨지지만, 새로운 환경에서는 종종 '예의 없는 사람'으로 오해받는다. 같은 사람, 같은 말과 행동인데도 관계의 맥락에 따라 완전히 다른 평가를 받는 것이다.

사람들은 종종 '올바른 소통법'이나 '완벽한 관계의 비결'을 찾아 헤맨다. 하지만 그런 것은 존재하지 않는다. 모든 관계는 그 관계만의 고유한 맥락과 역사, 그리고 사람들 사이의 독특한 화학작용을 갖고 있다.

관계소통에서 가장 먼저 버려야 할 생각이 바로 '이것이 정답이다'라는 확신이다. 모든 인간관계는 실험이고, 탐색이며, 끊임없는 조정의 과정이다. 정답 없는 세계에서 진정한 해법은 '상대를 이해하려는 호기심'과 '자신의 접근법을 유연하게 조정하는 능력'이다. 실제로 가족과의 대화에서 "이 이야기가 도움이 될지 모르겠지만"이라고 전제를 두고, "내 생각을 들어볼래?"라고 물어보는 작은 변화만으로도 대화의 분위기가 완전히 달라지는 경우가 많다. 정답을 찾으려 하기보다 함께 만들어가는 접근법이 관계소통의 핵심이다.

알지만 미루는 관계 저축

운동은 건강에 중요하다는 걸 알지만 항상 내일부터 시작하겠다고 미루는 것처럼, 관계 개선도 '언젠가'로 미루게 된다. 이것은 많은 사람들의 공통된 경험이다. 대부분이 관계소통의 중요성을 알면서도 가장 뒤로 미루는 영역이다. 왜 그럴까?

관계는 당장의 결과가 눈에 보이지 않기 때문이다. 시험 공부는 시험 결과로, 운동은 체중계의 숫자로 즉각 확인되지만, 관계 개선은 그 효과가 눈에 띄게 드러나지 않는다. 마치 가뭄에 물을 주는 것처럼, 당장은 변화가 보이지 않지만, 꾸준히 해야만 나중에 그 결실을 볼 수 있다.

많은 부모들이 공감하는 경험이 있다. 자녀가 어릴 때는 생계와 양육의 바쁨 속에 깊은 대화를 나누는 시간이 부족하다. '아이가 크면 그때 제대로 대화하자'고 생각하지만, 정작 아이가 자라면 이미 소통의 패턴이 굳어져 마음을 열지 않는 경우가 많다. 때로는 너무 늦게 깨닫는다. 관계는 저축과 같다는 것을, 평소에 조금씩 쌓아두지 않으면 정작 필요할 때 인출할 수 없다는 사실을.

관계는 정말로 저축과 같다. 평소에 꾸준히 소통하고, 이해하고, 공감하는 시간을 '저축'해두지 않으면, 위기나 도움이 필요할 때 그 관계에서 '인출'할 수 있는 것이 없다. 그러나 많은 사람들이 이 저축을 미룬다. '먼저 이 일부터 끝내고', '여유가 생기면', '상황이 나아지면'. 하지만 그 완벽한 시간은 결코 오지 않는다.

오랜 결혼생활에서 흔히 볼 수 있는 패턴이다. 부부가 생계와 자녀 양육에만 집중하며 서로에게 투자할 시간은 항상 '나중으로' 미룬다. 둘 다 관계 개선이 필요하다는 것을 알지만, 항상 더 급한 일이 있다. 그러다 어느 날 서로가 완전한 타인이 되어 있음을 발견하게 된다.

관계소통은 마치 건강 관리와 같다. 당장 운동을 하지 않거나 건강한 식습관을 지키지 않아도 곧바로 병이 들지는 않는다. 그러나 계속 건강을 무시하면 언젠가는 회복하기 어려운 상태가 된다. 그리고 건강을 완전히 잃은 후에는 아무리 좋은 약이나 치료법도 예방만큼 효과적이지 않다. 관계에 대한 투자는 지금, 바로 이 순간부터 조금씩이라도 시작해야 한다. 그것이 당장 눈에 보이는 결과를 가져오지 않더라도 말이다.

깊은 관계의 오해와 재정의

우리는 흔히 깊은 관계를 '편안함'이나 '갈등 없음'으로 정의한다. 오래 알았거나, 자주 만나거나, 혈연으로 이어졌다면 자연히 깊은 관계라고 생각한다. 가족이라서, 오래된 친구라서, 자주 만나는 이웃이라서 깊은 관계라고 믿는 것이다. 그러나 진정한 관계의 깊이는 시간이나 빈도, 혈연에서 오는 것이 아니다.

오랜 친구 사이에서도 서로에게 불편한 이야기는 한 번도 하지 않고, 좋은 일만 나누며 불편한 것은 피하는 경우가 많다. 이런 관계는 일면 편안해 보이지만, 실제로는 매우 피상적일 수 있다. 갈등이나 어려움이 생겼을 때 관계의 진짜 깊이가 드러나는 법이다.

결혼생활의 예를 생각해 보자. 많은 부부들이 50년을 함께 살아도 서로의 진짜 감정이나 생각을 공유하지 않은 채 지내기도 한다. 큰 위기나 어려움을 함께 겪으면서 비로소 진짜 마음을 드러내고 깊은 대화를 시작하는 경우가 많다. 그전까지는 그저 편안한 동거인에 불과했을 수 있다. 진정한 관계의 깊이는 '불편한 진실을 함께 마주할 수 있는 용기'에서 온다. 깊은 관계란 상대를 기쁘게 하려고 거짓말을 하는 것이 아니라, 상대를 충분히 존중하기에 진실을 말할 수 있는 것이다.

신혼부부들이 흔히 겪는 과정도 이와 같다. 처음에는 서로에게 최고의 모습만 보여주려 하지만, 그런 완벽한 모습을 유지하는 것은 곧 지치게 만든다. 진정한 전환점은 서로의 약점과 불완전함을 인정하고 보여주기 시작할 때 온다. 상처와 실패, 두려움을 나누면서 오히려 더 깊은 안정감이 형성되는 것이다.

관계소통에 대한 새로운 정의가 필요하다. 깊은 관계란 '항상 편안한 관계'가 아니라 '불편함도 함께 견딜 수 있는 관계'다. 진정한 편안함은 모든 것이 순탄해서가 아니라, 어떤 상황에서도 서로를 있는 그대로 받아들일 수 있기 때문에 오는 것이다.

내 관계를 이렇게 재정의하면 놀라운 일이 생긴다. 불필요한 기대와 오해가 줄어든다. '가족이니까 당연히 이해해줘야 한다', '오래된 친구니까 내 편이 되어야 한다'는 일방적인 기대가 사라진다. 대신 각 관계의 진짜 깊이와 특성을 있는 그대로 볼 수 있게 된다.

이런 재정의는 엄청난 에너지를 절약해준다. 과도한 기대에서 오는 실망감, 오해에서 비롯된 갈등, 잘못된 가정에서 시작된 상처. 이 모든 것들이 줄어들기 때문이다. 그리고 이렇게 절약된 감정적 에너지는 자신과 진정으로 중요한 관계에 재투자할 수 있다.

관계소통, 인생을 뒤바꾸는 혁명

관계와 소통은 단순한 스킬이나 지식의 영역이 아니다. 그것은 삶의 모든 면을 관통하는 근본적인 요소다. 진정한 부와 성공, 행복과 의미는 모두 관계 속에서 창조된다. 한 심리학자의 연구에 따르면, 인생의 마지막에 사람들이 가장 후회하는 것 중 하나가 '더 많은 돈을 벌지 못한 것'이 아니라 '소중한 사람들과 더 깊은 관계를 맺지 못한 것'이라고 한다. 모든 성취와 성공은 그것을 함께 나눌 사람이 있을 때 비로소 의미를 갖기 때문이다.

관계소통에 대한 새로운 이해는 당신의 삶을 근본적으로 바꿀 수 있다. 정답이 없는 관계의 세계에서 유연함과 호기심을 갖추고, 당장 급해 보이지 않더라도 관계에 매일 조금씩 저축하며, 편안함 너머의 진정한 깊이를 찾아갈 때, 인생의 모든 영역에서 새로운 가능성이 열린다.

당신의 삶에서 가장 큰 도전과 아픔은 무엇에서 왔는가? 그리고 가장 큰 기쁨과 성취는? 대부분의 경우, 그 답은 '관계'에 있다. 관계소통은 선택적 역량이 아니라, 인생에서 가장 필수적인 자산이다. 그것이 바로 관계소통 하나로 인생역전이 시작되는 이유다.

08
당신의 멘탈을 코칭합니다

이 책의 여정은 '하나의 콘텐츠가 메시지를 만든다'는 탐색이었다. 당신의 메시지가 어떻게 콘텐츠가 되는지, 관계 속 소통 방법부터, 내면 표현법, 경험을 콘텐츠로 재구성하는 방법까지 살펴보았다. 이 모든 소통 기술의 근간에는 한 가지 핵심이 있다. 바로 당신의 멘탈이다.
"왜 내 말은 항상 오해를 부르는 걸까?"
"왜 중요한 순간마다 내가 하고 싶은 말이 제대로 나오지 않을까?"
이런 고민을 하는 당신에게 묻고 싶다. 당신은 진짜 '나다운 말'을 하고 있는가? 진정한 '나다운 말'은 건강한 멘탈에서 나오는, 내면과 일치하는 진솔한 표현이다. 메시지의 근원인 해석 방식을 바꾸지 않고는, 어떤 소통 기술도 진정한 효과를 발휘할 수 없다.
이번 장에서는 진정한 나답게 소통하기 위한 '멘탈 코칭'의 핵심이 되는 '해석의 기술' 세 가지를 살펴보려 한다.

1. 창문해석: 타인을 거울이 아닌 창문으로 바라보기

친구가 약속 시간에 30분 늦었다. 이 상황을 어떻게 해석하는가?

많은 사람들이 즉각적으로 "나를 존중하지 않는 거야"라고 생각한다. 이런 해석은 마치 거울처럼 자신의 불안과 자존감 문제를 비추고 있다. 남편이 집안일을 하지 않으면 "나를 무시하는 거야", 아이가 조언을 따르지 않으면 "내가 부모로서 부족한 거야"라고 생각한다.

이러한 거울 해석은 마음의 방어 기제가 작동하는 순간이다. 거울 해석을 하는 순간, 우리의 뇌는 위협 반응을 활성화하여 감정적인 반응이 이성적 판단을 압도하게 된다.

진정한 멘탈 코칭의 첫 단계는 이런 거울 해석에서 벗어나 '창문 해석'으로 전환하는 것이다. 해리포터 시리즈의 루핀 교수는 이 점에서 본받을 만한 인물이다. 그는 학생들의 실수나 부족함을 자신에 대한 도전이나 무시로 해석하지 않고, 창문을 통해 바깥을 보듯 그 너머의 가능성을 발견했다. 창문 해석은 타인의 행동을 통해 세상을 바라보는 방식이다. 심리학에서는 이를 '조망 수용(perspective-taking)'이라고 부른다. 타인의 입장에서 상황을 바라보는 이 능력은 공감의 기초가 된다.

거울 해석은 마음을 방어적으로 만든다. "왜 항상 늦는 거야? 내가 중요하지 않은 거야?" 이런 말에는 이미 답이 정해져 있다. 같은 상황을 창문으로 보면 어떨까?

"교통 체증이 있었나 보다", "급한 일이 생겼을 수도 있겠다" 이렇게 타인의 행동을 통해 밖을 내다보며 다양한 가능성을 발견하면, 마음이 열리고 메시지도 열린다.

타인을 창문으로 볼 때, 비로소 진정한 관계 소통과 공감이 가능해진다. 이 해석 기술을 실천하는 방법은 간단하다. 상처받거나 화가 날 때 잠시 멈추고, "다른 가능성은 무엇일까?"라고 자문해보는 것이다.

　창문 해석은 단순히 타인을 이해하는 것을 넘어, 나 자신의 감정적 건강을 지키는 방패가 된다. 타인의 행동을 개인적으로 받아들이지 않는 습관은 스트레스와 갈등을 줄이고, 장기적으로는 더 깊은 관계의 토대가 된다.

2. 사건과 의미의 분리: 반응의 여유 공간 만들기

"남편이 대화할 때 눈을 마주치지 않아. 내 말에 관심이 없는 거야." 이 생각들에는 두 가지 요소가 섞여 있다. 하나는 관찰 가능한 사실(사건)이고, 다른 하나는 그 사실에 부여한 개인적 의미(해석)다. 우리는 대부분 이 둘을 자동적으로, 무의식적으로 연결짓는다. 인지심리학에서는 이러한 현상을 '자동적 사고'라고 부른다. 문제는 이 자동적 사고가 종종 비합리적이고 부정적인 방향으로 치우친다는 점이다. 멘탈 코칭의 두 번째 핵심은 '사건'과 '의미'를 떨어뜨리는 훈련이다. 인지행동치료의 핵심 기법이기도 한 이 분리 작업은 마음의 자유를 가져다준다.

　영화 '결혼 이야기'에서 이런 사건과 의미의 혼동이 극적으로 드러난다

-사건: 니콜은 캘리포니아로, 찰리는 뉴욕에 남기로 결정했다.
-니콜의 해석: 찰리는 내 희생을 당연하게 여기고, 내 꿈을 중요하게 생각하지 않는다.
-찰리의 해석: 니콜은 우리 관계보다 개인적인 욕구를 우선시한다.

두 사람이 사건과 의미를 분리할 수 있었다면, 그들의 대화는 달라졌을 것이다. 분리하지 않은 메시지는 "당신은 언제나 자기밖에 모르는 사람이야"처럼 상대를 판단하고 비난한다. 반면 분리한 메시지는 "당신이 뉴욕에 남기로 결정했을 때, 나는 내 커리어가 당신에게 중요하지 않다고 느껴졌어. 내 꿈도 우리 관계만큼 소중하다는 것을 알아줬으면 해"처럼 사실과 자신의 감정을 구분해 표현한다. 또는 찰리의 경우 "니콜이 캘리포니아로 가기로 했을 때, 나는 우리 관계가 우선순위에서 밀린다고 느꼈어. 어떻게 하면 서로의 필요를 모두 존중할 수 있을지 함께 고민해보자"라고 말할 수 있다.

사건과 의미 떨어뜨리기는 멘탈에 '반응의 여유 공간'을 만들어준다. 심리학자 빅터 프랭클은 이를 '자극과 반응 사이에 존재하는 공간'이라고 표현했다. 이 분리 기술은 특히 중요한 관계일수록 더 가치가 있다. 사랑하는 사람과의 갈등에서 이 공간을 확보할 때, 우리는 잠시의 감정이 아닌 오랜 관계의 가치에 기반해 반응할 수 있게 된다.

3. 저자 마인드셋: 주인공으로서 살아가기

우리 모두는 자신의 경험을 이야기로 만든다. 당신은 이미 쓰여진 이야기의 수동적인 '등장인물'인가, 아니면 새로운 이야기를 창조하는 능동적인 '저자'인가?

내 대학 친구 중 한 명은 첫 학기 발표 수업에서 말을 더듬고 질문에 제대로 답하지 못해 웃음거리가 되었다. 처음에 그는 사람들 앞에서 말하는 데 소질이 없다고 단정지었다. 이런 '등장인물' 마인드셋은 과거의 실패를 미래의 정체성으로 굳혀버린다. 그러나 3학년이 되면서 그는 같은 경험을 다르게 해석했다. 그 실패 경험을 통해 나는 더 철저하게 준비하게 되었고, 발표 불안을 관리하는 법을 배우게 했다고 말이다. 이 새로운 해석은 그가 자신의 이야기를 재창조하는 '저자'가 된 순간이었다. 졸업 때는 학과 대표 연설을 했고, 지금은 프레젠테이션 코치로 일하고 있다.

멘탈 코칭의 세 번째 핵심은 바로 이 '저자 마인드셋'을 개발하는 것이다. 동일한 사건이 무기력한 실패담이 될 수도, 영감을 주는 성장 스토리가 될 수도 있다. 그것을 어떤 이야기로 만들지는 전적으로 당신의 선택이다. 자신을 저자로 인식하는 마인드셋은 창문 해석과도 연관된다. 창문을 통해 더 넓은 가능성을 보게 되면, 자신의 이야기도 더 풍부한 방향으로 써내려갈 수 있기 때문이다.

자신을 저자로 인식하는 순간, 과거의 실패는 더 이상 당신을 규정하는 낙인이 아니라 앞으로의 이야기를 더 흥미롭게 만드는 복선

이 된다. 저자로서 당신은 부정적 경험조차 성장의 발판으로 재해석할 수 있는 창조적 자유를 갖게 된다.

멘탈 코칭으로 찾는 나다운 소통

이 세 가지 멘탈 코칭 기술은 당신이 진정으로 나답게 소통할 수 있도록 도와주는 강력한 도구다. 모든 메시지는 현실에 대한 해석을 담고 있으며, 해석이 바뀌면 메시지도 바뀐다.

타인을 창문으로 바라보면, 당신의 메시지는 방어적인 것에서 열린 탐색으로 변한다. 사건과 의미를 떨어뜨리면, 메시지는 비난에서 솔직한 표현으로 바뀐다. 자신을 저자로 인식하면, 메시지는 자기 비하에서 자신감 있는 것으로 변모한다.

진정한 '나다운 말'은 건강한 해석에서 비롯된다. 당신의 진짜 목소리는 현실을 있는 그대로 볼 수 있는 맑은 눈과, 경험의 의미를 스스로 창조할 수 있는 주도성에서 비롯된다. 당신의 해석이 바뀌면 메시지가 바뀌고, 메시지가 바뀌면 관계가 바뀌며, 관계가 바뀌면 삶이 바뀐다. 모든 변화는 해석에서 시작된다.

나다운말 연구소 소장으로서 이 책의 여정을 마무리하며 한 가지 생각을 나누고 싶다. 우리는 지금까지 단 하나의 메시지가 콘텐츠가 되는 기술에 대해 8가지 측면에서 탐색해왔다. 하지만 나답게 이야기한다는 것, 진정한 나의 목소리를 찾아가는 여정은 이 책을 덮는다고 끝나지 않는다. 당신의 진짜 메시지는 매일의 대화, 관계, 고민

속에서 계속해서 모습을 드러낼 것이다. 이 책의 8가지 꼭지가 당신만의 고유한 콘텐츠를 만들어가는 나침반이 되길 바란다.

 나다운 말을 찾아가는 여정에는 완벽한 도착점이 없다. 그저 더 진실된 표현, 더 깊은 연결을 향한 끊임없는 탐색이 있을 뿐이다. 이제 당신만의 이야기가 시작된다.

**콘텐츠가
돈이되는
시대**

5장

당신의 내면을
컬러로 그립니다

컬러심리 디자이너 **이청화**

01
'아이의 마음이 궁금해!' 심리학을 만나다

사실 나는 결혼을 꼭 해야 한다고 생각하지 않았다. 아이를 꼭 낳아야 한다고 생각하는 사람도 아니었다. 기질이 예민했던 터라 사회생활을 하며 내 몸 하나 챙기기도 힘든데 결혼에 육아까지 하는 선배들을 보며 점점 결혼, 육아는 나와는 먼 얘기라 생각했다. 그랬던 내가 어느 순간 보니 결혼을 하고 엄마가 되어 있었다. 임신 사실을 알게 되었을 때, 남편에게 이야기했었다.
"여보, 내가 예민한 편이라 아이도 그럴까 봐 걱정돼. 임신 기간 최대한 마음 편할 수 있게 도와줘. 우리 아이는 성격이 둥글둥글한 아이로 컸으면 좋겠어."

하지만 막상 아이를 기다리는 시간도 직접 키우는 순간도 나는 한없이 예민하고 유난스러웠다. 아이가 먹고 놀고 자는 시간을 일일이 계획해서 유기농으로 만든 이유식을 먹이고, 엄마표로 만든 장난감 놀이를 하며 쉴 새 없이 이야기했다. 자기 전에는 아이 수면 교육을 위해 새벽까지 육아서적, 논문을 읽고 잠들기도 했다.

누군가가 나에게 왜 그렇게 열정적으로 육아를 했냐고 묻는다면, 나는 "이런 노력이 아이에게 예측 가능한 일과를 만들어 주지 않을까요?

 규칙적인 일과가 몸에 배면, 결국 아이의 마음도 둥글둥글하게 자랄 수 있다고 생각해요."

 당시 가족들은 무리하지 말고 힘을 빼고 육아하라고 이야기하곤 했다. 열심히 키우는 건데 왜 저런 얘기를 하지? 이해하지 못했던 것이 사실이다. 그러나 어느 날, 육아 동지인 친구의 모습을 보며 나 자신을 돌아보게 되었다.

 육아하며 알게 된 그녀는 섬세하고 강한 친구였다. 아이 둘을 키우는 친구는 아이들에게 항상 웃는 얼굴과 밝은 목소리로 이야기를 했다. 이유식을 시작한 순간부터 밖에서 파는 음식을 먹인 적이 없었고, 식당에 갈 때마다 아이들을 위해 도시락을 직접 준비해 왔다. 본인이 그런 환경 속에서 자라지 못했기 때문에 아이들에게 열정적이라는 그녀는 둘을 키우면서도 각자 기질에 따라 학원도 맞춤형으로 보내며 하루에도 학원 주행을 6번씩 했다. 진심으로 대단하다고 생각했다.

 그런데 카페에서 함께 만났던 어느 날, 친구의 아이가 잠을 못 자서 피곤한지 떼를 심하게 쓰기 시작했다. 주변에 죄송하다며 사과를 하고 서둘러 나가려는 찰나, 그녀가 그만 울라며 엄마가 미칠 것 같다고 소리치며 울기 시작했다. 나는 너무 놀란 나머지 순간 얼음이 되었다. 아이를 데리고 나와 진정이 된 후, 그녀는 말했다.

"나, 요즘 아이들이 너무 미워. 그런 감정을 느끼는 나 자신이 너무

나쁜 엄마 같아. 어린 시절 상처를 아이들에게 물려주고 싶지 않아서 얼마나 애썼는지…….
화가 날 때도 거울을 보며 표정을 정리하고, 나와서는 웃는 얼굴로 아이들을 대하곤 했는데 이젠 도저히 참기 어려워. 매 순간 터져버릴 것만 같아."

어린 시절의 상처를 덮어놓았던 그녀는 그동안 자신의 감정을 숨기고 '괜찮다. 괜찮다.' 하며 곪고 있었던 것이다. 남 일 같지 않았다. 나 또한 아이 앞에서 감정을 조절한다는 이유로 마음을 숨기고 힘들어도 웃고, 아파도 괜찮다고 했으니까 말이다. 그 후에 그녀는 아이들에게 감정을 말로 표현하기 시작했다. 그녀의 얼굴은 점차 밝아졌고 늘 엄마의 표정을 살피고 눈치 보던 아이들 또한 감정을 표현하고 밝아졌다.

그 순간 나의 육아를 돌아보게 되었다. 내 존재보다 소중한 아이가 옆에 있는데 왜 이렇게 예민하고 화가 나는 순간들이 많을까? 아이가 불편한 감정을 드러내고 울 때면 정말 왜 그러는 거냐고 묻고 싶었다. 아이의 마음이 진심으로 궁금해진 것이다. 생각해 보면 아이를 위해서라고 했던 모든 행동이 나의 걱정과 불안을 잠재우기 위한 것들은 아니었을까?

그러고 보니 40년이 넘는 동안 내가 기억하는 내 모습은 걱정과 불안이 높은 사람이었다. 새 학기 전날에는 친구들과 잘 사귈 수 있을까. 선생님은 무섭지 않을까. 여러 생각을 하며 잠들지 못했고, 시험이 있기 전날엔 복통과 두통에 시달렸다. 회사생활을 할 때는 더

욱더 가관이었다. 출근하는 평일은 늘 짜증 섞인 말투와 예민함에 밥도 잘 먹지 못할 지경이었다.

늘 소화제, 두통약을 달고 살았다. 극도로 예민할 때는 스스로 동굴 속으로 들어가 한참을 쉬었다 나왔다. 그래서인지 나는 우리 아이가 자신의 감정을 잘 알아차리고 자연스럽게 표현할 수 있는 사람으로 자라길 바랐다. 감정을 건강하게 표현하지 못한 채 어른이 되는 것이 얼마나 힘든 일인지 알기에.

가끔 생각하곤 한다. 어린 시절 부모님께 감정을 자연스럽게 표현하는 법을 배웠더라면 둥글둥글한 어른이 되었을까. 사실 그 시대 대부분 부모님이 그렇듯 우리 부모님도 평생을 자식들 키우고 종일 일하시느라 바쁘셨다. 그래서 세심히 자식들의 감정을 관찰하고 다독여 주긴 힘든 환경이었다.

이 아이만큼은 편안한 분위기의 가정에서 나처럼 예민한 아이로 키우지 않으리라 다짐했지만 유난스럽게 아이를 지킬수록 아이는 예민해져 갔다. 그때 육아서적, 심리학책을 파고들기 시작하며 왜 그렇게 내가 불안했던 건지 조금씩 이해가 되기 시작했다. 상처가 치유되지 않아 커서도 남의 눈치를 살피며 모자란 자신의 모습을 숨기기 위해 더 강한 척하는 어른이 되었다는 사실도 깨달았다. 감정을 잘 표현하지 않으니 인간관계에서 오해가 생기는 일도 있었고, 그럴수록 나의 상처 껍데기는 두꺼워져 갔다는 사실도 알게 되었다.

아이의 마음이 궁금해서 파고들기 시작한 심리학이었는데, 어느새 나의 마음과 상처에 더 큰 관심이 생기고 있었다. '상처의 원인을 알면 뾰족한 마음의 가시도 사라질 수 있겠구나.' '이제 남의 눈치 보지 않고 당당하고 둥글게 살 수 있는 건가?' 하는 희망이 생겼다. 그렇다고 한순간에 모든 것이 변한 것은 아니다. 지속되는 육아와 10년간의 결혼생활 동안 무기력과 번아웃이 반복됐고 결국 모든 일상이 멈췄다.

아이 등교도 챙길 수 없을 만큼 무기력해졌다. 종일 누워있는 날이 늘어났다. 열정적이던 아이 돌보기도, 살림도, 먹거리 챙기기도 모두 귀찮아졌다. 아무 생각도 하고 싶지 않았고, 그저 눈물이 흘렀다. 이렇게 유난인 자신이 참 싫었다. 남들은 무던히 잘 살아가는 것 같은데 난 왜 이리 모든 상황에 반응할까. 심지어 그렇게 심리학책들을 읽었는데 아무 효과가 없는 걸까? 아무리 힘들어도 아이의 모든 일상은 챙겼던 엄마였기에 나의 심각한 상태를 알아챈 남편은 모든 게 하기 싫다는 나를 세상 밖으로 자꾸 꺼내어 주었다. 제발 나 좀 내버려 두라고 짜증 내고 화내는 아내가 미울 법도 한데 낮에는 햇볕도 쬐고 맛있는 커피도 마시자며 데리고 나가주고, 밤에는 좋아하는 식당에서 외식하자며 계속해서 나를 움직이게 해주었다. 그렇게 몸을 조금씩 움직이니 신기하게 마음도 조금씩 회복되어갔다. '앞으로 난 무엇을 하며 살아가지?'라는 질문에 스스로 답하기 시작했다.

'그래, 난 심리에 관심이 많고, 책을 좋아하지. 전시회 가는 것도 좋아하잖아.' 그렇게 미술 심리상담사 자격증을 취득했다. 그림도 다시 배우고 좋아하는 카페를 다니며 내가 좋아하는 것들에 집중하기 시작했다. 한가지씩 공부하기 시작하니 배움에 대한 갈증은 점점 커져갔다.

여느 날처럼 수업을 듣는데 색채 심리 분석이란 문구가 보였다. 사람의 마음을 컬러로 알아보고 이해할 수 있다고? 심리를 공부하며 나에 대한 궁금증이 한참 커졌던 시기라 바로 수업 신청을 했다. 수업을 들으며 각 컬러의 특징을 알게 되었고 내가 끌렸던 컬러를 대부분 부정적으로 사용하고 있다는 사실도 깨달았다.

어릴 적부터 좋아했던 보라색이었지만, 사회생활을 하면서부터는 어딘가 불편하게 느껴지기 시작했다. 보라색은 긍정적으로 잘 활용하면 자기 탐색을 깊이 있게 도와주고 예술적 영감을 불어넣는 색이다, 하지만 부정적으로 사용하면 내면에 지나치게 몰입하게 되고 외부와의 단절감을 느끼게 하여 타인과 감정을 나누지 못하고 외로움이나 우울감을 키울 수 있다.

그 순간 문득 이런 생각이 떠올랐다.
'보라색을 긍정적으로 사용해서 마음이 힘든 사람들이 자신의 내면을 들여다보고 감정을 정리할 수 있게 돕는 일을 하자'

그러고 보니 누군가의 고민을 듣고 상담해줄 때 도움이 되었다는 말을 들으면 굉장히 뿌듯했어. 예민하다고 싫어할 게 아니라 섬세하고 공감력이 좋은 거였구나! 보라의 긍정적인 면을 나의 일로 연결해 보자'

앞으로 이 장점과 좋아하는 그림을 접목해 행복하고, 누군가에게 도움이 되는 컬러 상담을 해보자는 결심이 생겼다. 앞으로의 계획이 그려졌다. 그동안 겪었던 경험과 극복의 과정들이 마음이 힘든 누군가에게 도움이 되었으면 좋겠다는 꿈이 생겨났다.

 그렇게 나랑은 전혀 상관없다고 생각한 인스타를 배우고 개설한 후, 감정을 컬러로 풀어내기 시작했다. 컬러로 그동안 느꼈던 다양한 감정을 글로 정리하고 눈으로 보니 나 자신과 많이 가까워지고 친해진 기분이 들었다.

그저 아이를 더 잘 이해하고 싶어 시작한 심리학과 컬러 심리 공부가 어느새 내 삶을 변화시키고 있다. 아이의 감정을 읽고 반응하는 법을 배우면서, 나 역시 내 마음을 들여다보는 법을 익히게 된 것이다. 그러다 문득 깨달았다. '아이의 마음이 궁금하다'라고 느낀 이면에는, 어쩌면 나 자신의 마음을 알고 싶은 갈증이 있었던 것은 아닐까? 40이 넘어서야 비로소 나의 마음에 관심을 가지게 되었다는 것이 어색하기도 하고, 뒷북 같기도 하지만, 설레는 마음이 더 크다. '아이 마음이 궁금해' 시작한 배움이 이제는 나를 위한 길이 되어가고 있다.

02
'당신은 어떤 컬러를 가지고 있나요?'

어느 날 아이가 유치원에서 가족을 그린 그림 한 장을 가지고 왔다. 엄마, 아빠, 아이가 나란히 서 있는 그림을 본 순간 아이의 엄마는 가슴이 쿵 내려앉았다.
'왜 우리 가족은 표정도 색도 이렇게 어둡지?'
엄마는 파란색, 아빠는 회색, 아이는 검정색으로 칠해진 그림을 보며 아이에게 물었다.
"엄마는 왜 파란색이야?"
"엄마는 항상 바쁘고 내가 해야 할 일만 얘기하니까."
"그럼 아빠는 왜 회색이야?"
" 아빠는 나보고 웃어주지도 않고, 늘 화만 내잖아."
"그럼 너는 왜 검정색이야?"
"엄마, 아빠와 친하지 않아서 슬퍼."
아이의 이야기를 듣는 순간 엄마는 생각했다.
'우리 가족은 언제부터 이렇게 멀어졌을까.'
결혼하고 아이가 태어난 후 맞벌이 부부로 참 열심히 살았지만 늘 바쁘게 흘러가는 하루하루에 부부는 지쳐가고 있었다. 퇴근 후에 아이의 눈에 비친 엄마, 아빠의 모습은 아무 표정 없는 심지어 화난 사람처럼 보였을 터이다. 겉으로는 평화로운 가정처럼 보였지만 아이는 온기도, 표정도 사라진 집에서 느낀 외로움을 그림에서 색으로 말하고 있었다.

'엄마, 아빠 나 심심하고 외로워. 나 좀 바라봐 줘…'

아이가 선택한 컬러를 살펴보면, 자신을 표현한 검정색은 강한 의지와 독립성을 가진 컬러이지만 부정적으로 사용할 경우 삶의 즐거움이 사라지고, 가정에서 고립되거나 우울감을 느끼고 있을 가능성이 크다. 아이에게는 엄마와의 정서적 거리감과 서운함이 투영된 것으로 보였다. 게다가 아이는 이성적인 파란색, 회색도 사용했는데, 이 색들은 정서적으로 중립, 균형, 절제를 상징하지만 동시에 감정의 억압, 긴장, 우울감과도 연결되는 색이다. 즉 스트레스와 불안을 감추려는 아이의 마음이 무채색 계열 컬러에 투영되어 있었던 것이다.

처음 그 가족들을 만났을 때 그들은 각자의 힘듦으로 무척 피로해 보였다. 하지만 다양한 색의 그림 도구를 손에 쥐고 각자 마음을 표현하기 시작하면서 비로소 진짜 대화가 오가기 시작했다. 그 후 주말마다 집에서 가족만의 그림을 그리는 시간을 가지려고 노력했다.

아이에게 "오늘은 무슨 색이 좋아?" 하고 묻기 시작했다. 대화가 어려웠던 아이에게 색은 감정을 표현하는 안전한 통로가 되고 있었다. 부부 또한 서로의 감정 색을 공유하며, 그동안 나누지 못했던 대화를 시작했다. 조금씩, 그들의 관계에도 다시 온기가 생기고 있었다. 아이는 이제 회색, 검정이 아닌 노란색, 분홍색 등 따뜻한 색으로 가족을 그린다.

감정을 말로 표현하기 힘들 때 컬러가 가진 힘은 더 크게 다가온다. 컬러는 상처 입은 마음을 치유하고 관계를 단단하게 해주기도 하고, 사람의 마음을 대변하기도 한다.

출산 전 다니던 회사의 우리 팀 팀장님은 사계절 내내 회색 정장을 입고 다녔다. 일명 워커홀릭으로 불린 그는 항상 표정에 변화가 없었다. 예측하지 못한 일들이 터져 팀원들이 당황할 때도 흔들리는 법이 없었다. 팀원들이 일을 수습하지 못하고 쭈뼛쭈뼛 이야기할 때마다 '5분 동안 생각을 정리해보자.'라고 한 후 머릿속에서 프로그램을 짜듯 해결책을 제시했다. 그때마다 나는 팀장님이 회색을 발산하는 듯한 느낌을 받았다.

흰색과 검은색의 균형을 가진 회색으로 감정을 자제하고 통제하는 성숙함을 발휘하는 모습이랄까. 그 모습은 팀의 일원으로서 참 든든하고 노련하고 멋져 보였다. 언젠가 관리자가 된다면 저런 모습이면 좋겠다며 본보기로 삼는 직원들도 많았다.

큰 프로젝트들을 성공적으로 마무리하며 우리 팀뿐만 아니라 회사도 큰 성장을 이루던 어느 날 팀장님이 회사를 떠난다고 하셨다. 팀원들 모두 전혀 예상하지 못했던 터라 당황한 기색이 역력했다. 송별회를 하던 날 식사 자리에서 팀장님이 말씀하셨다.

"다들 내가 왜 회사를 떠나는지 궁금하지? 사실 나 번아웃과 우울감이 온 지 꽤 됐어. 항상 긴장하며 살고, 성과를 내야 한다는 압박감에 잠도 제대로 못 자. 식사도 잘 챙겨 먹지 못해서 건강 상태도 엉망이야."

팀장님의 이야기를 듣고 생각해 보니 식사 시간에 팀장님과 식사를 한 적이 거의 없었다. 같이 가자고 하면 늘 '나중에 먹을게' 하시며 먼저 다녀오라고 하셨고, 회사에선 언제나 마지막까지 남아 계신 분이었다.

모두의 기대를 받으며 '팀장님이라면 해결하실 수 있을 거야. 팀장님이 맡으신 일은 확인할 필요도 없지.' 어느 순간부터 이런 분위기가 당연해져 있었다. 이러한 상황에서 버겁다고 도움이 필요하다는 말을 하실 수 있었을까? 회색 정장 너머로 자신의 혼란스러운 감정을 숨기고 앞으로 나아가지도, 그렇다고 포기하지도 못하고 긴 시간 얼마나 내적 갈등이 심하셨을까. 항상 팀장님께 기대기만 한 직원으로서 참 죄송했다. 송별회를 하던 날 팀장님은 마음에 여유 공간을 만들어주고 희망, 해방감을 주는 하늘색의 셔츠를 입고 오셨다.

우울감과 무기력을 들키고 싶지 않아 자신도 모르게 회색을 찾아 입게 되었다는 팀장님. 10년이 지난 지금 팀장님은 어떤 컬러의 정장을 입고 있을지 궁금하다.

대학 시절 한참, 마음이 불안하고 발이 땅에 닿지 않는 듯한 느낌이 들던 시기가 있었다. 어른이 돼서 사춘기를 겪는 느낌이랄까. 그렇게 불안한 마음으로 하루하루를 보낼 때 우연히 프리다 칼로의 그림을 접하게 되었다. 와…. 그림이 너무 사실적이다 못해 솔직해서 보는 내내 몸이 아플 지경이었다. 왜 그녀의 그림은 이토록 콕콕 쑤시고 아플까 생각해보니 그녀가 사용한 빨강은 열정뿐만 아니라 고통도 같이 표현하고 있었기 때문이었다.

프리다 칼로는 18세 때 교통사고를 당해 척추와 골반이 크게 손상되었고, 이후 평생 여러 번의 수술을 받아야 했다. 그 과정에서도 그녀는 손에서 붓을 놓지 않고 누워서도 그림을 그렸다. 버스사고가 났을 때 다친 자신의 모습, 유산 후에 겪었던 고통을 표현할 때도 프리다의 그림은 붉은색으로 가득 차 있었다.

프리다 칼로는 평생을 사랑했던 디에고 리베라와의 관계를 표현할 때도 빨간색을 자주 사용했다. 디에고를 만나면서 느꼈던 행복감과 열정은 물론, 그로 인해 생긴 상처와 배신감 또한 붉은색으로 담아냈다. 『두 명의 프리다』라는 작품에서는 두 프리다의 심장에서 흘러나오는 피를 통해 사랑으로 인한 상처를 상징적으로 드러낸다. 이처럼 빨간색은 프리다에게 있어 감정의 양면성을 느끼게 한 컬러였다.

그녀의 그림을 보고 있으니 열정은 넘치지만, 모든 게 서툴고 거칠었던 나의 20대가 떠올랐다. 좋아하는 일이나 인간관계에서 좋은 사람이 되고 싶어 열정적으로 빨간색을 선택했지만, 좌절하고 상처를 받으면 그 색이 가진 긍정적인 의미뿐만 아니라 부정적인 의미까지도 직접 경험하게 된다. 그래서 20대의 나는 빨간색의 양면성을 더 깊이 공감한 것이 아니었을까.

그때는 미술 심리를 공부하기 전이라 빨간색은 열정의 컬러로만 알고 있던 때였다. 컬러 공부를 한 이후 프리다 칼로의 그림을 보며, 신체적 고통과 트라우마를 겪을 경우, 같은 컬러라도 어떤 경험을 하는지에 따라 컬러를 바라보는 관점이 달라질 수 있다는 점이 신선한 충격이었다. 그러면서 궁금해졌다.

'도대체 컬러의 힘이 무엇이길래 격해졌다가 진정되었다가 하는 걸까?'

열정이 넘치고 거칠던 20대를 지나며, 세상을 조금씩 알아갔다. 소심해지고 안전한 길만 찾던 30대를 거쳐, 이제야 나를 알아가는 40대에 이르렀다.

지금, 나는 어떤 컬러일까?

결혼하고 아이를 낳고 열심히 육아하던 어느 날, 일주일 내내 검은색 옷만 입고 있는 나를 발견했다. 번아웃에 지쳐 무기력했던 그 시절, 무기력한 속마음을 들키지 않기 위해 입을 꾹 다문 채 검은색이란 갑옷으로 나 자신을 숨겼다. 하지만 좋아하는 일을 하고, 배우며 성장하고 있는 지금은 다양한 컬러의 옷을 입고 다닌다.

나의 경험처럼, 우리가 선택하는 색은 현재의 환경과 감정을 줄곧 반영한다. 검은색만 그리던 아이가 밝은색을 사용하기 시작하고, 늘 회색 정장만 입던 팀장님이 어느 날 하늘색 셔츠를 입는 것처럼 말이다. 우리의 마음속 컬러도 끊임없이 변화하고 있지 않을까?

혹시 오랫동안 자신이 같은 색에 머물러 있다면, 그것이 단지 익숙해서인지, 아니면 새로운 컬러를 선택할 용기가 없어서인지 돌아볼 필요가 있다.

그렇다면 지금, 당신의 컬러는 무엇일까?

03
당신의 내면을 컬러로 그립니다

서른 중반의 그녀는 겉으로 보기엔 밝고 평범한 직장인이다. 회사에서는 자기일 뿐만 아니라 도움이 필요한 동료들을 기꺼이 도와주고, 집에서는 가족들을 열심히 챙기는 장녀였다. 하지만 속은 늘 불안하고, 반복되는 인간관계의 피로와 이유 모를 분노가 수시로 올라온다고 했다. 상담 중간 가족들 이야기가 나왔을 때 '엄마 얘긴 안 하고 싶어요.'라고 단호하게 말하기도 했다. 하지만 그 말 속에 이미 가족에 관한 이야기가 시작되고 있었다.

어릴 때 그녀는 가정을 챙기느라 힘들어 보이는 엄마를 위해 장녀로서 동생들을 챙기고, 살림도 열심히 도왔다. 어린 마음에 엄마를 도운 뒤에는 따뜻한 칭찬이 고팠다. 그러나 반장이 되던 날도, 시험을 100점 받은 날도, 일명 대기업에 취업했을 때도 엄마의 반응은 시큰둥했다. 그와 반대로 동생이 달리기 대회에서 1등을 한 날엔 치킨파티를 하고, 몇 년을 준비해서 회사에 취업했을 땐 대견해 하셨다. 하루는 엄마에게 지나온 날들의 서운했던 감정을 털어놓았다.
"장녀로서 당연한 거 아니니?"
그녀의 아픔을 가볍게 넘기는 엄마의 모습에 서운함과 미움은 더욱 커져만 갔다.

상담을 진행하며 어린 시절 기억 속의 가족을 그리던 날, 나뭇잎을 주황색으로 색칠하고 있는 그녀에게 물었다.

"나뭇잎이 주황색인 걸 보니 가을인가요?"

그녀가 대답했다.

"아니요. 전 초록색을 좋아하지 않아서요. 초록을 보면 문이 닫혀있는 듯 답답해요. 초록색이 불편한데 왜 자꾸 눈에 들어올까요?"

주황색은 에너지, 활력, 따뜻함을 상징하는 색이자 부정적으로 사용할 경우 산만하거나 감정의 기복이 심해질 수 있고, 초록색은 자연의 색으로 시각적, 심리적으로 안정감을 주고 회복 탄력성을 강화해 준다. 하지만 부정적으로 사용할 경우, 지나친 배려로 인해 자신의 감정을 억누르고 시기, 질투, 비교 의식, 불안감을 끌어내기도 한다.

초록색은 그녀에게 자신도 모르게 끌리는 감정의 색이자 억눌러 온 무의식의 색이었다. 그녀는 상담이 진행되면서 '초록은 마음의 공간을 여는 색'임을 알게 되었고, 그 색을 다시 선택하여 자신의 감정문을 열기 시작하였다. 초록색이 가진 균형과 회복의 의미를 받아들이며, 엄마의 거칠었던 표현이 '불안한 사랑의 방식'이었다는 걸 조금은 이해하게 되었다.

엄마 역시 누군가의 딸이었고, 감정을 표현할 줄 몰랐다는 걸 깨달았을 때, 처음으로 엄마를 '미워할 대상'이 아닌 '이해 가능한 사람'으로 보게 되었다. 우리의 감정은 이렇게 색처럼 흐르고 변한다. 그리고 그 감정을 정직하게 마주할 때, 비로소 나를 만나게 된다.

나의 두 번째 내담자였던 그녀는 재택근무를 하며 사회생활을 하고 있었다. 일의 형태가 다양해진 요즘 재택근무는 하나의 업무 방식일 뿐이지만, 그녀에게는 생존을 위한 불가피한 선택이었다. 상담 문의를 하고 실제 상담도 문자로 진행되었다. 그만큼 그녀는 사람을 대하는데 조심스러웠고 긴장하고 있었다. 다양한 컬러를 보여주던 어느 날 그녀가 말했다.

"검정색은 꼭 저 같네요. 어릴 때부터 배경처럼 존재감이 없는 아이였거든요.
그래서 아이들이 저를 함부로 대했을까요?"

참고로 검정색은 내면을 숨기고 자기를 보호하는 색이며, 우울감이 있는 사람이 검정을 선택할 경우 무의식 깊은 곳에 숨겨둔 두려움으로 인해 가정이나 사회에서 소외감을 느끼고 있을 경우가 많다.

부끄러움도 많고 겁도 많던 중학생 시절 그녀는 친한 친구와 사소한 오해로 사이가 멀어졌다. 오해를 풀기 위해 대화를 시도했지만, 친구는 받아주지 않았고, 쉬는 시간과 밥 먹는 시간도 서서히 혼자가 되어갔다. 외로워서 다른 친구들과 친해지기 위해 먼저 말도 걸어보고, 간식도 주며 용기를 내보았지만, 아이들의 반응은 차가웠다.

그렇게 그녀는 학교에서 외톨이가 되어갔다. 새 학기에는 '혹시 친구를 사귈 수 있지 않을까?' 기대도 해보았지만 '외톨이'라고 낙인이 찍힌 그녀에게 다가오는 친구는 없었다. 그때의 감정을 물어보았다.

"세상에 내가 없는 것 같았어요. 투명인간처럼."

간신히 고등학교를 졸업한 그녀는 집 안에 틀어박혀 생활하기 시작했다. 방에서 먹고 자고, 화장실에 갈 때만 문을 나서는 생활이 6개월이나 이어졌다고 했다. 그러던 어느 날, 그녀가 조용히 말을 꺼냈다.
"답답해서 밖으로 나가고 싶은데 나갈 용기가 안나요."
겁을 내던 그녀에게
"그럼 해가 진 뒤 저녁에 가볍게 산책을 해보는 건 어때요? 어두운 밤이 오히려 안전하다고 느껴질 거예요."

밤에는 아무도 자신을 쳐다보지 않을 것 같다며 긍정적인 반응을 보였다. 그렇게 산책을 시작한 지 2주쯤 되었을 때 그녀가 먼저 통화로 얘기하고 싶다고 제안해왔다. 목소리는 생각보다 밝았고 문자에서 느껴졌던 어둠도 많이 걷혀 있었다. 밤에 산책을 시작하고 시간이 흐르면서 타인의 시선, 밖으로 나가는 두려움이 많이 사라졌다고. 왜 그런 감정을 느꼈는지 모르겠다는 그녀에게 말해주었다.

어쩌면 검정은 '사라지고 싶은 마음'이 아니라 '무언가 되기 전의 상태'였는지도 모른다. 스스로 나올 용기는, 사실 이미 그녀 마음속 깊은 곳에 자리하고 있었다.

그동안 방안에만 있던 시간이 너무 아깝다던 그녀에게 위로의 말을 건넸다. 그녀에게 그 방 안에 있는 시간은 분명 필요했다. 이제 문을 조금씩 열고 세상 밖으로 나오는 그녀를 진심으로 응원한다.

어린 시절 나는 장녀로서 책임감이 강한 아이였다. 가게를 운영하시는 부모님을 대신해 동생들 숙제와 공부를 챙기고, 가게를 도왔다. 친척들, 주위 어른들은 항상 나를 보며 말씀하셨다.

"장녀니까 부모님이 바쁠 땐 네가 동생들 부모이고, 잘 돌봐야 한다."

지금 생각해보면 '초등학생인 아이에게 왜 그런 무거운 말을 하지' 싶지만, 그 시절엔 장녀, 장남에게 전가된 책임감이 꽤 컸다. 학창 시절 부모님께서는 학교 앞에서 가게를 하셨는데 부모님 얼굴에 먹칠하면 안 된다는 생각으로 항상 행동과 말을 조심하며 지냈다. 그러니 자연스럽게 선생님, 친구들에게 말 한마디를 해도 몇 번씩 곱씹고 생각하며 말하게 되었다. 겉으로 보이는 모습은 차분하고 성실하고 동생을 잘 챙기는 아이였지만 어깨에 짊어진 무거운 짐 때문에 늘 마음이 예민하고 불안했다.

그런데 문득 스스로에게 이런 생각이 들었다.

'누가 시킨 것도 아닌데 왜 그리 장녀 역할을 열심히 하려고 한 걸까.'

생각해보면 동생들 숙제를 챙기고, 부모님 일을 도와드리면 보상으로 칭찬을 받았다. 어린 시절 뭔가 행동을 했을 때 칭찬을 받는 경험을 학습하며 장녀 역할에 스스로 갇히게 된 게 아니었을까. 그때의 나는 부정적이고 불편한 감정은 드러내지 않고, 인간관계에서도 거리를 두며 자신을 고립시키고 있었다.

결혼 후 아이와 가정에 집중하며 자연스럽게 장녀의 역할은 내려놓고, 엄마의 역할을 더 많이 짊어지게 되었다. 그렇게 하루하루를 버텨내다 보니 어느 순간부터 어깨가 무겁기보다 오히려 무감각해졌다.
'나는 어디에 있는 거지?' 하는 질문조차 잊고 지냈던 시간들. 그러던 어느 날, 문득 흰색이 눈에 들어왔다. 예전에는 심심하게만 느껴졌던 색이었는데, 그때의 나는 흰색을 '내 마음속의 여백'처럼 바라보게 되었다.

참고로 흰색은 순수함이나 시작을 상징하는 컬러이다. 티 없이 맑고 깨끗한 상태를 상징하며 순수함, 천진함, 결백의 이미지를 가지고 있기도 하다. 심리적으로도 결백함과 완전한 상태를 추구하는 마음과 연결되어 '머릿속을 깨끗이 비우고 새로 시작하는 느낌'을 받는 경우가 많다. 부정적으로 느낄 땐 차갑고 쓸쓸한 느낌을 주기도 한다.

텅 빈 것이 아니라, 다시 채울 가능성. 흰색은 실수해도 다시 시작할 수 있다는 용기를 주는 색이었고, 실제로 그 색을 통해 내 삶을 처음부터 다시 정리해볼 수 있었다.

나는 왜 그토록 오랜 시간 동안 나를 사랑하지 못했을까. 아마도 '완벽한 나'만이 사랑받을 자격이 있다고 믿어왔기 때문일 것이다. 하지만 이제는 안다. 불완전하고 어설픈 나의 모습도 소중하게 바라보는 것이 진짜 나를 사랑하는 것이라는 걸.
지금 내 삶의 캔버스에는 많은 여백이 남아있다. 그 여백은 부족함이 아니라 앞으로 채워나갈 나의 가능성이다.

그리고 그 가능성을 믿게 된 지금, 흰색부터 다양한 컬러로 내면을 그려보고자 한다.

04
컬러에 자신을 노출해야 하는 3가지 이유

고등학교 시절, 친구들 사이에서 '핑크공주'라 불리던 아이가 있었다. 귀엽게 생긴 외모에 머리부터 발끝까지 핑크 아이템으로 무장한 그녀는 늘 사랑스럽고 밝아보였다.

그 시절 여고생들이 그렇듯, 손을 잡고 팔짱을 끼며 화장실에 함께 가는 것이 자연스러운 분위기였고, 나 역시 그런 분위기에 적응하려 애썼다.

하지만 손에 땀이 많았던 나는 손을 잘 잡지 못했고, 귀찮다는 이유로 화장실도 주로 혼자 다녔다. 그런 내 모습이 서운했는지, 친구는 점점 불편한 감정을 드러냈고, 나는 그런 친구를 이해하지 못했다. '왜 꼭 손을 잡고 다니고, 비밀 얘기를 해야만 진짜 친구라고 생각하는 거지?'

얼마 뒤에야 알게 된 사실은, 친구의 엄마가 오랜 기간 병환으로 인해 많이 예민해졌다는 것이었다. 엄마는 스스로를 제일 불쌍한 사람이라 여기며 지내시다 보니 자식들에게 내어줄 따뜻한 마음이 없었다. 엄마로부터 따뜻한 애정을 충분히 받지 못했던 친구는 친구들에게서 그 사랑을 보상받고자 했다.

하지만 그것이 부담이 되었던 친구들과의 관계는 점점 멀어졌고,

친구는 더 깊은 외로움에 갇혀갔다.

20대가 되어 연애를 시작한 친구는 남자친구에게 과하게 의지하고 집착하는 모습을 보이기도 했다. 그럴 때마다 그녀는 우리에게 자주 물었다.

"어릴 때 엄마에게 충분한 사랑을 받지 못해서 이렇게 사람에게 집착하게 되는 걸까?" 그 말은 들은 우리는 따뜻하게 말해주었다.
"사람들에게 주는 사랑의 절반만이라도 스스로에게 주면 좋겠어."
핑크는 사랑을 주고받고 싶은 욕구, 애착과 유년기의 정서를 상징하는 색이다.

그 친구는 무의식적으로 핑크색을 통해 위로받고, 사랑받고 싶다는 메시지를 세상에 보내고 있었던 것이다. 겉으로는 밝게 웃으며 지냈지만, 그 안에는 아직 상처받은 어린아이가 남아 있었고, 그 아이는 컬러를 통해 조용히 신호를 보내고 있었다.

사랑받지 못한 지난 시간의 흔적은 말투, 표정, 취향 곳곳에 고스란히 묻어 있었다. 이렇듯 컬러는 내면의 감정, 심리상태, 그리고 '내안의 아이'를 알아차리게 해주는 강력한 도구다.

어린 시절 보라색을 좋아했던 또 다른 친구도 있었다. 옷, 구두, 인형 옷까지 모두 보라색으로 꾸미고 다니던 그 친구는 또래보다 그림을 유난히 잘 그렸다. 손가락 하나까지 섬세하게 그려내는 친구의 그림은 늘 주목을 받았고, 학교 대표로 그림대회에 나가 상을 타기도 했다.

다른 중학교에 진학 가며 연락이 끊겼는데, 나중에 들은 소식으로는 실내 인테리어 디자이너가 되었다고 했다. 친구에게 딱 어울리는 직업이란 생각이 들었다. 생각해보면 친구의 방은 벽지부터 커튼, 가구까지 모두 보라색이었고, 그 속에서 자기만의 감성과 세계를 키워가고 있었던 것이다.

보라색은 감정과 사고, 현실과 상상 사이를 연결해주는 중간역할을 하며 예술성, 영성, 자기 성찰을 자극하는 색이다. 외향보다는 내면의 깊이에 집중하고 자신만의 세계를 가지고 있다. 하지만 지나치게 내면으로만 몰입할 경우 사회적 고립이나 단절감을 느낄 수 있고, 현실보다는 이상에 몰두하게 되어 실행력 부족, 무기력으로 이어질 수 있어 유의해야 한다.

친구는 한 잡지 인터뷰에서 예술성을 타고난 것인지 묻는 질문에 이렇게 답했다.

"어머니께서 제가 예술성을 타고났다고 믿으시고, 방 전체를 보라색으로 꾸며주셨어요. 그 덕분에 즐겁게 상상하고 창의성을 펼칠 수 있었죠" 친구는 자신에게 어울리는 컬러를 일상 속에 자연스럽게 노출하며, 재능을 키우고 결국 직업으로 연결시킨 좋은 예이다.
이처럼 컬러는 자신의 정체성과 가능성을 일깨워주는 '감정의 자극제'가 되어준다.

결혼 전 다니던 회사에선 따뜻하고 착한 후배가 있었다.
하지만 부탁을 거절하지 못해 늘 야근이었고, 사람 좋다는 이유로 자꾸만 일거리를 떠안았다. 몇 번은 대신 거절도 해주었지만 매번 그럴 수는 없었기에 하루는 조심스레 물었다.

"한두 번도 아니고, 계속 야근까지 하며 남의 일까지 떠안는 게 맞는 걸까?" 잠시 고민하던 후배는 힘없이 말했다.

"제 거절로 누군가가 불편해지는 게 힘들어요. 그냥 조용히 지내고 싶어요" 힘든 회사생활에서 후배가 유일하게 마음 편히 지낼 수 있던 시간은 보육원 봉사활동 시간이었다. 순수하고 밝은 아이들과 함께하는 순간만큼은 밝고 따뜻해 보였고, 진심으로 행복해하는 것이 느껴졌다. 그러던 어느 날 선배의 부탁으로 한 일이 알고 보니 잘못된 지시였고, 모른 척하는 선배 옆에서 사장님께 큰 꾸중을 듣게 되었다. 그날 집에 가던 후배의 표정이 너무 지쳐 보여서 참 안쓰러웠다. 그리고 며칠 뒤 후배는 갑자기 회사를 그만두고 아프리카로 봉사활동을 떠나겠다고 했다.

"언제부터 생각한 거야?"

"원래는 회사생활을 좀 더 해서 돈을 모아서 가려고 했는데요. 지금 너무 힘들어서요. 그냥 마음 편한 곳에서 순수한 사람들과 지내고 싶어요."

그 말을 듣고 난 나는, 후배에게 꼭 어울리는 선택 같다고 응원해주었다. 떠나는 날 후배는 나에게 마젠타색 목도리를 건네며 말했다.

"선배 힘들 때 이 목도리를 둘러요. 따뜻하게 안아주는 느낌이 들어서 위로가 될거예요"

그때는 무슨 뜻인지 몰랐지만, 컬러 심리를 공부한 뒤에야 이해할 수 있었다.

마젠타는 빨강과 보라가 섞인 색으로 감정의 깊이와 영적인 치유, 무조건적인 사랑, 포용을 상징하는 고차원의 컬러이다. 단순한 감정 표현을 넘어서 내면의 성숙함, 마음의 진정성, 관계에서의 헌신과 회복력을 드러낸다.

다만 지나치게 타인의 고통과 감정에 몰입하면 자기 경계를 잃을 수 있고 타인을 위한 과도한 희생과 헌신은 자기 상실로 연결될 수 있으니 주의해야 한다. 후배는 무의식적으로 그 색이 자신에게 필요한 안정과 위로를 제공해 준다는 걸 알고 있었던 것이다.

힘든 회사생활에 자존감이 많이 떨어질 때마다 마젠타 목도리를 만지며 자존감을 회복하고, 자신을 온전히 받아들인 후, 결국 자신이 원하는 삶의 방향을 찾아낸 그 모습이 참 인상 깊었다. 이렇게 컬러는 자신이 어떤 사람인지 알게 해주고, 삶의 방향까지 제시해 줄 수 있는 놀라운 힘이 있다.

위의 이야기 속 주인공들은 컬러에 대해 배운 적이 없었지만, 자신의 심리상태에 따라 끌리는 색을 선택했고, 그 색은 자신의 내면을 반영하고 있었다.

그리고 그들은 무의식적으로 이런 질문들을 던졌을 것이다.
'왜 요즘 이 색이 자꾸 눈에 들어올까?'
'왜 이 컬러를 보면 마음이 편할까?'
'내가 가장 행복했던 순간의 색은 뭐였지?'

이렇게 컬러는 자신을 이해하는 과정에서 하나의 감정 언어로 작용한다. 그 과정을 통해 우리는 감정을 정리하고, 가능성을 발견하며, 인생의 방향성을 찾아갈 수 있다.

결론적으로 컬러에 자신을 노출해야 하는 이유는 다음과 같다.

하나, 끌리는 컬러를 통해 나의 감정과 심리상태를 더 깊이 이해할 수 있고,

둘, 내 잠재력에 맞는 컬러를 주변에 배치함으로써, 감정 회복과 재능 발견을 도울 수 있고,

셋, 컬러는 내가 어떤 사람인지 깨닫게 해주며, 진짜 원하는 삶의 방향을 찾게 해준다.

05
감정 컬러 사용설명서 6가지 색

그동안 상담을 하며 사람들의 심리에 강한 영향을 준 6가지 컬러에 대해 살펴보고자 한다.
참고로 컬러의 의미는 인간의 심리상태, 감정, 신체적 컨디션에 따라 다르게 받아들여질 수 있으며, 대부분 색은 긍정적인 측면과 부정적인 측면을 동시에 내포하고 있다.

1. 흰색-새로움과 공허함 사이

흰색은 양면성을 지닌 특별한 색으로 여겨진다. 빛의 합으로 모든 색을 포함하고 있어 '완전한 빛'이라 불리며, 순수함과 새로운 시작을 상징한다. 흰색은 '티없이 맑고 깨끗한 상태'를 떠올리게 하며, 순수함, 천진함, 결백의 이미지를 가지고 있는데 예를 들어 천사나 성인이 흰 옷을 입는 모습에서처럼 결백과 도덕적 순결의 이미지를 전달한다. 또한 빈 도화지나 새벽의 첫 빛처럼 '무한한 가능성과 시작'을 상징하기도 한다.

심리적으로는 정리되고 정돈된 상태, 마음을 비우고 새롭게 출발하려는 의지와 연결되며, 실제로 많은 이들이 순백의 공간에서 아이디어를 떠올리거나 머릿속을 정리하는 경험을 하곤 한다.

하지만 지나치게 깨끗하고 아무것도 없는 흰색은 차가움이나 쓸쓸함, 고립감을 줄 수 있다. 문화적으로는 죽음이나 상실의 이미지와도 연결되며, 흰색이 섞인 밝은 색조는 긍정적이지만, 흰색 자체가 과도할 경우 색의 개성을 희석시키고 분위기를 무덤덤하게 만든다고 보았다.

2. 검정색-강한 보호본능과 내면의 고립

검정색은 강렬한 인상을 주는 색으로, 사람들에게 극단적인 반응을 이끌어내는 경우가 많다. 모든 색과 빛을 흡수하는 색으로, 외부 자극으로부터 내면을 숨기고 보호하려는 심리와 연결된다.

   검정은 모든 빛과 색을 흡수하여 감정이나 약점을 감추고 안정감을 주는 역할을 한다. 자기방어, 통제, 독립성의 상징이며, 사회적으로는 힘과 권위, 고급스러움의 이미지를 갖는다. 내담자가 그림 전체를 짙은 검정으로 채웠다면, 이는 삶의 즐거움을 잃었거나 내면의 상처와 가정. 사회에서의 고립감을 표현하는 것일 수 있다.

   특히 우울감이 있는 사람들이 검정색에 몰입하는 경우가 많은데, 그런 내담자가 이후 다른 색을 사용하기 시작하는 변화는 회복의 전환점이 될 수 있다. 이처럼 검정색은 무의식을 드러내는 강력한 컬러로, 주의 깊고 섬세한 해석이 필요하다.

3. 빨간색-에너지와 경고 사이

가시광선 중 파장이 긴 색인 빨간색은 먼 거리에서도 눈에 잘 띄며, 본능적으로 경고, 주의, 생존과 연결된다. 그래서 교통 신호, 경고 표지판, 비상 장비 등에서 널리 사용되고 있다. 빨간색은 감정적으로 사랑과 열정이라는 긍정적인 이미지와 동시에 분노와 공격성이라는 부정적인 이미지까지 함께 가진 대표적인 양면적 컬러다.

무기력하거나 우울한 상태에서 빨간색은 감정과 에너지를 자극하여 행동을 촉진하고 동기를 부여할 수 있다. 실제로 경쟁 상황에서는 빨간색이 자신감과 리더십을 강화해 긍정적인 인상을 주는 경우도 많다. 그러나 밀폐된 공간이나 스트레스가 높은 환경에서 빨간색을 과도하게 사용하면 불안과 긴장, 과민 반응을 유발할 수 있으므로, 적절한 강도와 배치가 중요하다.

4. 파란색-신뢰와 거리감의 경계에서

하늘과 바다를 떠올리게 하는 파란색은 평온함과 평화로움의 상징성이 있다. 이런 이유로 많은 기업과 단체에서 파란색을 사용하여 안정감과 조화의 이미지를 전달하고자 한다. 예를 들어, 은행이나 보험사의 로고, 보안요원의 제복 등에 사용되며, 신뢰감과 안정감을 주는 색으로 제복이나 유니폼의 주요 색상으로도 쓰인다.

이성과 지성을 떠올리게 하는 파란색은 집중력과 기억력을 향상시키는데 도움이 된다. 실제로 공부방이나 업무 환경에서 포인트 색으로 많이 쓰이는데, 이때 단기 기억을 장기 기억으로 전환 시키는 뇌의 작용을 도와준다.

하지만 겨울의 얼음과 눈을 연상시키는 차가운 계열의 색인 만큼, 정서적 거리감이나 냉정한 인상을 줄 수도 있다. 만약 어떤 사람이 지나치게 파란색 만을 선호하고 따뜻한 색을 회피한다면, 주변에서 다소 냉정하고 붙임성 없다는 인상을 받을 수 있다. 이런 특성 때문에 감정적으로 단절되거나 쿨한 태도를 지향하는 경향도 있다.

5, 초록색-균형과 회복의 상징

초록색은 시각적으로 눈에 가장 편안한 색으로, 망막에 가해지는 부담이 적고 피로도가 낮다. 나무, 풀, 숲, 산 등 자연 속에서 자주 접하게 되는 초록색은 안정감, 회복력, 균형감을 상징하며, 마음의 균형을 잡는데 효과적이다.

특히 감정의 과도한 흥분이나 침체상태를 중화시키고 심리적 균형을 회복시켜준다. 자연을 닮은 초록색은 인간의 뇌에 편안함을 제공하여 봄의 시작, 새 출발을 도와주고 긍정적 에너지를 불러일으키는 데 도움이 된다.

하지만 과도하게 사용할 경우 감정적 자극이 부족하거나, 단조롭고 수동적인 느낌을 줄 수 있다. 또한 문화적으로 질투나 시기심과도 연결되며, 조용하고 내향적인 분위기를 만들기 때문에 대화가 활발해야 하는 공간에서는 신중한 활용이 필요하다.

6. 핑크색-부드러움과 과잉 감성의 경계

핑크색은 빨간색과 흰색이 섞인 색으로, 사랑, 애정, 보호, 감성을 상징하며, 심리적으로 긴장을 완화하고 부드러운 감정을 유도한다. 단순한 귀여움 이상의 정서적 깊이를 가지고 있는 핑크색의 의미는 문화적 맥락과 사용 환경에 따라 달라질 수 있다.

핑크색은 사랑받고 싶어하는 욕구 또는 보호받고 싶은 감정과 연결되어, 온기, 애정, 여성성을 상징하기도 한다. 특히 연핑크는 긴장 완화와 감정 조절에 효과적이어서 돌봄 환경이나 유아 공간에 자주 사용된다. 핑크는 감정을 부드럽게 하고 상호 호감을 유도해, 마케팅과 브랜딩에서도 긍정적인 효과를 낸다.

하지만 채도가 높은 핫핑크나 형광 핑크는 자극적일 수 있으며, 유치함, 감성 과잉, 의존성을 유발할 수도 있다. 또한 성별에 대한 고정관념과 연결되며, 사회적 맥락에 따라 부정적 정체성을 부여받는 경우도 있다. 개인 성향과 환경에 따라 다르게 작용할 수 있으므로, 핑크색 역시 섬세한 이해가 필요하다.

이렇게 흰색, 검정색, 빨간색, 파란색, 초록색, 핑크색 총 6가지 컬러의 특징들에 대해 알아보았다. 이 6가지 컬러는 상담 현장에서 자주 등장하며, 각기 다른 방식으로 감정과 무의식을 반영한다.

컬러에 대한 감정은 개인의 성격, 경험, 환경, 양육방식 등 여러

요인에 영향을 받는다. 그렇기 때문에 상담이나 심리치료에서는 보편적인 색의 상징성과 함께, 내담자 개인의 색에 대한 의미 해석이 반드시 병행되어야 한다.

즉, 컬러의 보편적 의미를 이해하면서도, 그 색이 내담자에게 어떤 경험과 감정을 떠올리게 하는지를 대화를 통해 확인하는 과정이 필요하다. 중요한 것은, 컬러로만 단정짓지 않고 내담자와의 대화를 통해 그 색에 담긴 개인적 의미를 밝혀내는 것이다.

또한 우리는 일상에서 다양한 감정과 경험을 하듯, 다양한 컬러를 긍정적으로도, 때로는 부정적으로도 받아들이며 살아간다.
특정 색이 부정적이거나 불편하게 느껴질 때는, 그 감정의 원인을 스스로에게 질문하며 현재의 심리 상태를 관찰하고 인식하는 계기로 삼을 수 있다.

결국 컬러는 우리 자신을 이해하는 감정의 거울이 되어준다.

〈논문 출처〉
Elliot, A. J., & Maier, M. A. (2012). Color-in-context theory. Advances in Experimental Social Psychology
Morton, J. (1997).
Effects of color on emotion. Journal of Experimental Psychology
Do we feel colours? A systematic review of 128 years of research on colour-emotion associations

06
본질, 메시지 그리고 콘텐츠를 색으로 설계하라

몇 년 전 무기력함이 심해졌을 때 이대로는 안 되겠다 싶어 인터넷 검색을 하며 뭐라도 배워보고자 한 적이 있었다. 그때 '플라워 원데이 클래스'가 눈에 들어왔다. 한참 사람들도 만나지 않던 시기라 오랜만에 처음 보는 사람들과 인사를 하고 수업하는 공간이 참 힘들고 어색했는데, 수업 준비를 마친 선생님께서 내게 물어보셨다.
"어떤 컬러의 꽃을 선택하시겠어요?"
'음 …….' 같이 있던 수강생들은 참 쉽게 고르는데 나는 한참을 고민했다. 지금 생각해보면 내가 '컬러' 하나도 고르기 힘들어했던 건, '나라는 사람을 있는 그대로 받아들이지 못했기 때문은 아니었을까?' 그렇게 나는 머릿속으로 생각만 하고, 행동으로 옮길 에너지는 없고 그러면서 무기력해진 자신을 자책하는 과정을 되풀이하고 있었다.

비슷한 시기, 아이가 놀고 난 물감을 정리하다 스케치북 위에 아무 생각 없이 회색 물감을 문지르고 있는데, 순간 울컥한 기억이 있다. 회색은 갈등 상황을 피하고 균형을 유지하려는 심리상태를 반영하고, 감정의 둔화, 무기력, 생기 없는 상태를 의미한다.

누군가의 엄마, 아내, 딸이라는 역할 속에서 '나'는 점점 흐릿해지고, 색을 고르라는 질문 앞에서도 주저했던 나. 회색은 그 시절의 내 감정을 고스란히 담고 있었다.

  속으로는 에너지가 없어 완전히 지쳐 있었지만, 아이에게 우울한 모습을 보여주고 싶지 않아서 최선을 다해 웃고, 열심히 놀아주었다. 사람들을 만나야 하는 경우엔 무기력함을 들키고 싶지 않아 모든 에너지를 쓰고 와서 녹초가 되기 일쑤였다.

  생각해보면 언제부턴가 '괜찮은 척'이 습관이 되어가고 있었다. 슬퍼도, 외로워도, 속이 텅 비어 눈물이 나는 날도 그저 웃으며 지나갔다. 누군가 내게 '힘들지?'라고 물어주길 바라면서도, 막상 그런 질문을 받으면
"아니야, 사는게 원래 그런 거지. 괜찮아," 라고 말하곤 했다. 그렇게 나는 '아무렇지 않은 사람'으로 살아가고 있었다.

  어느 날, 문득 깔끔하게 화장을 하고, 밝은색 옷을 입고, 또박또박 말하는 모습이 나 같지 않다는 생각이 들었다. 그날 처음으로 스스로에게 질문을 했다.

  '나 정말 괜찮을 걸까?'

  그때부터 조금씩 나의 마음과 직면하기 시작했다. 어릴 적 받았던 말의 상처들, 잘해야 사랑받을 수 있다는 믿음, 스스로를 자꾸만 깎아내렸던 시간. 나는 내가 밉고, 너무 창피해서 그 상처들을 꾹꾹 눌러 숨기며 살아왔다. 그렇게 오래도록 나를 외면하고 있었단 걸, 나는 그제서야 깨닫게 되었다. 처음에는 그 상처들을 들여다보는 게 너무 아팠다.

'내가 왜 그랬을까, 왜 그 말을 참았을까?' 상처받은 나에게 또다시 생채기를 내기도 했다.

이렇게 자신을 인정하기 힘들고 무기력할 때, 다시 시작하고 싶어도 두려움이 앞설 때, 이성적인 사고나 조언이 아닌 눈에 들어온 어떤 색이 마음을 위로해주고 일으켜 세워주는 순간이 있다. 감정에 깊게 빠지면 부정적인 판단을 해서 잘못된 결정을 하지 않을까 생각하지만, 때론 감정이 앞으로 나아가야 할 이유를 만들기도 한다.

예를 들어 빨간색은 지친 마음에 열정을 불어넣어 힘을 주고, 주황색은 외로움 속에서도 웃음을 잃지 않게 도와주며 파랑은 차분히 이성적 판단을 도와주고, 초록은 복잡했던 마음을 차분히 정리하게 해주는 것처럼.

우리는 종종 방향을 몰라서 멈추는 것이 아니라, 움직일 힘이 없어서 멈추기도 한다. 나는 가족에게도 속마음을 잘 표현하지 않는 편이라, 힘들 때 마음속으로 끙끙 앓은 적이 많다. 하지만 컬러를 접하면서부터 불편한 감정을 피하지 않고 직면하며 과거를 다시 마주하고, 앞으로의 계획을 세우기 시작했다. 그래서 컬러는 앞으로 나아갈 수 있는 힘을 가지고 있다고 생각한다.

어떤 이는 글로, 어떤 이는 음악으로, 어떤 이는 춤으로 표현하듯 사람마다 감정을 드러내는 방식 또한 다르다. 나는 '컬러'로 나를 표현하고 스스로를 이해하기 시작했다. 사실 나는 처음부터 컬러를 잘 이해한 사람은 아니었다. 하지만 컬러로 표현하기 시작하니, 말하지 못했던 속마음들이 드러나기 시작했다. 열정과 힘을 내보고 싶을 땐 빨간색을 원했고, 일상의 즐거움을 느끼고 싶을 땐 주황색을 원했다. 그렇게 컬러는 내 마음이 보내는 신호를 해석하는 따뜻한 번역기가 되어주었다. 상처를 치유한다는 건, 상처를 없애는 것이 아니라 직면하고 이해하는 것임을 컬러를 통해 배워가고 있다.
가끔 "좋아하는 색이 뭐예요?"라고 묻곤 한다.
하지만 진짜 하고자 하는 질문은 이것일지도 모른다.
"요즘 당신의 마음은 어떤 색인가요?" 스스로의 감정에 관심을 가지며 나를 바라보는 시선이 바뀌자, 컬러를 대하는 나의 태도도 달라지기 시작했다. 예전엔 감추고 싶었던 검정도, 지워버리고 싶었던 회색도, 이제는 자연스러운 감정으로 받아들인다. 그리고 그 순간, 컬러로 느꼈던 마음속의 감정을 표현해보고 싶다는 욕구가 생겼다.

그렇게 내 인생에 없을 거라 생각했던 SNS 인스타 계정을 개설하고, 그날의 감정을 그림과 컬러로 표현하는 '나만의 콘텐츠'를 만들기 시작했다. 사실 나는 그림을 전공하지도 않았고 실력이 있는 사람도 아니다. '그림을 잘 그리는 것도 아닌데 올려도 될까' 하는 고민을 한참 했었다.

무작정 내 감정을 글로 표현하자니 막막한데, 그림이란 도구를 사용하면 한결 편하게 내 마음속의 이야기들이 나왔다. 또한, 인스타의 기본 원리도 전혀 몰랐기에 계정을 개설하고, 글 쓰는 법, 영상 편집하는 법 등도 차근차근 배워가며 콘텐츠를 채워나갔다.

사실 처음 SNS는 나만의 감정 일기장이자 치유의 공간이었다. 그저 나를 위해 컬러를 사용했고 말로 표현하지 못했던 감정을 그림으로로 표현하면서, 마음속의 상처도 조금씩 치유되어 갔다. 그 그림들이 모여서 나만의 이야기가 되었고, 자연스럽게 '콘텐츠'가 되어 가고 있다.

그리고 그림을 본 사람들이 왜 이 컬러를 사용했는지 묻기도 하고, 공감과 위로가 되었다고 얘기해 주시면서 문득 이런 생각이 들었다.

'지금 내가 표현하는 감정들이 나만의 감정 일기가 아니라 우리 모두의 일상이야기일 수도 있겠구나'

'작은 그림 한 장이 누군가에게 위로가 될 수도 있겠다.'

요즘 '나만의 콘텐츠'를 만들고 싶어 하는 사람들이 많다. 어떤 기술을 배워야 하는지, 어떻게 SNS에서 알고리즘의 선택을 받아 관심을 얻을 수 있는지에 대한 강의도 넘쳐난다. 물론 눈에 띄어야 나의 이야기가 전해진다. 맞는 말이다.

하지만 더 중요한 사실은 콘텐츠는 '나를 표현하는 진심'에서 시작된다는 것을 말하고 싶다.

07
행복한 어른은 자신만의 컬러를 가지고 있다

    20대부터 60세 후반까지 50년 가까이 매일 출근하던, 회사를 퇴직한 60대 아버님을 만났다. 그는 치열하게 회사생활을 하는 동안 아내와 함께 3명의 아이를 키우며 참 열심히 살아오셨다. 평소에 "이놈의 회사 얼른 관둬야지."라는 말을 달고 사셨고, 마지막으로 회사를 출근하던 날도 "이제 자유네. 쉴 수 있어서 속이 시원하다."라고 말씀하셨다.

    실제로 퇴사 후 며칠은 늦잠도 자고, 시간에 쫓기지 않고 여유 있게 대화하며 식사를 할 수 있어 행복하다고 하셨다. 하지만 한 달쯤 지나니 당장 출근할 곳이 사라지고, 그렇게 종일 울리던 휴대폰도 이제 연락 오는 사람이 거의 없었다. 하루하루가 참 길게 느껴졌다. 늘 일찍 일어나 양복을 차려입고 나가던 그는 이제 일어날 이유도, 누군가와 마주칠 필요도 없는 사람처럼 느껴졌다.
'나는 누구지? 앞으로 무엇을 하며 어떻게 살아가야 하지?'
이런 질문을 스스로 하며 삶이 조용히 무너지고 있음을 느꼈다.
그러던 어느 날. 그는 책장을 정리하다 오래된 앨범을 발견하였다. 낡은 사진 속 그는 시멘트 먼지가 가득 묻은 파란 작업복을 입고, 현장 동료들과 활짝 웃고 있었다. 그 사진을 본 순간, 마음이 시려왔다.

'그래. 저 때의 나, 참 열심히 살았어.'

파란 작업복은 그에게 단순한 회사 유니폼이 아니었다. 잊고 있던 자신의 인생 한 조각이 파란색을 통해 되살아난 순간, 자신의 과거를 따뜻하게 회상했다.

파란색은 진정성, 신뢰, 깊이, 자아 성찰을 도와주는 색이다. 그 속엔 내면의 깊이, 말로 표현하기 어려운 감정들, 있는 그대로의 나를 바라보게 만드는 울림이 있다.

그날 이후, 그는 파란 운동복을 입고 아내와 매일 산책을 하기 시작했다. 그는 나이가 든다는 건 과거를 끌어안고 현재를 살아가는 일이라고 생각하였다. 하지만 우리는 종종 그 과거를 부끄러워하거나, 실패의 증거처럼 여기기도 한다. 60대의 아버님을 보며, 나 또한 나이가 들수록 지나온 과거를 후회하기보다는, 나의 과거를 외면하지 않고 있는 그대로 마주할 용기를 내기로 다짐했다.

20대 아르바이트를 하던 시절, 같이 일하던 동생의 어머니께서 알츠하이머 진단을 받으셨다. 어머니가 아프신 뒤로 그녀의 일상은 달라졌고, 항상 에너지가 넘치고 잘 웃던 그녀는 눈에 띄게 말수도 줄어들었다. 눈을 뜨면 어머니의 상태를 확인하고, 아침 약을 챙기고, 같은 이야기를 반복하는 어머니에게 맞장구를 쳐주며 최선을 다해 보살폈다.

간병을 처음 시작했을 때 그녀는 솔직히 슬픔보다 화가 난다고 했다.

'왜 나에게, 우리 엄마에게 이런 일이 생긴 거지'라는 마음도 자주 들었다고 한다. 그러던 어느 날, 집 정리를 하다 일기장을 펴보게 되었다. 그녀는 어머니가 편찮으시기 전에는 잘 준비를 한 후, 일기를 쓰며 하루를 마무리하곤 했다.

오랜만에 일기장을 펴보자 문득 지금의 마음을 정리해보고 싶다는 생각이 들었다. 무슨 색 펜을 쓸까 고민하던 동생의 눈에 노란색 펜이 들어왔다. 그녀는 그날, 일기장에 이렇게 적었다.

"오늘 하루도 잘 견뎠다.
 엄마는 나를 알아보지 못했지만,
 나는 엄마를 안아줄 수 있어서 다행이다."

그 후로도 꼭 노란색 펜으로 일기를 쓰고, 가방에는 노란색 병아리 열쇠고리를 달고 다니는 등 노란색 아이템들이 늘어났다. 하루는 동생에게 물어보았다.
"요즘 노란색 물건을 많이 가지고 다니네. 귀여워"
"음…. 노란색 펜으로 일기를 쓰니 기분이 좀 괜찮아지고 힘이 나더라고. 그래서인지 노란색 물건들이 좋아져." 노란색은 자기 효능감이 낮아졌을 때, 자신을 다시 믿게 하는 힘을 주고, "나는 할 수 있어."라는 긍정의 메시지를 준다. 밝은 겉모습 속에 내면의 고단함이나 외로움을 감추는 심리가 함께 작용해서, 타인을 돕고 겉으로 웃음을 주는 사람일수록 노란색을 무의식적으로 선택하기도 한다.

그렇게 그녀는 누구에게도 말할 수 없는 고단함을 노란색으로 위로받고, 힘든 상황에서 상처받은 마음을 돌보고 있었다.

파란색으로 과거의 나를 발견한 60대 아버님, 노란색으로 자신을 믿고 힘을 낸 동생. 이 둘은 전혀 다른 삶을 살았지만, 한가지 공통점이 있다. 바로, 자신의 감정을 외면하지 않고, 컬러로 감정을 꺼내어 바라보았다는 것.

사람은 누구나 과거에 상처가 있고, 현재에는 버거운 현실이 있으며, 미래에 대해선 불안해한다. 하지만 그 불안을 이겨내는 힘은 막연히 '다 잘 될 거라는 상상'이 아니라 과거와 현재를 솔직히 마주하는 태도에서 비롯된다고 생각한다.

생각해보면 나는 열심히 일하던 순간, 온 마음을 다해 아이를 키우고 가정을 지키던 순간순간 '지금 잘살고 있는 걸까?' 하는 질문을 스스로 끊임없이 했다. 이 질문에 답을 찾으려 할수록 자꾸만 지나간 과거가 떠올랐다. 치유되지 않은 상처들, 후회로 남은 선택들, 인정받지 못했던 순간들. 과거를 피하지 않고 직면하는 일은 생각보다 많은 용기가 필요하다. 아픈 기억을 피하려 하고, 덮어두지만, 덮인 감정은 사라지지 않는다.

그래서 우리는 과거를 묻어두고 회피할 것이 아니라, '마주 보는 법'을 먼저 배워야 한다.

'과거의 나는 어떤 색이었을까?'
'그때의 나는 어떤 감정을 품고 있었고, 무엇을 말하지 못했을까?'
이 질문 앞에 솔직해지는 순간, 현재 나의 솔직한 마음을 알 수 있

다. '지금 내가 왜 이런 감정이 드는지, 왜 누군가의 말에 쉽게 상처받는지.'

우리가 사는 현재는 묻어둔 감정이 있는 과거와 알 수 없어서 두려운 미래의 중간지점이다. 그래서 현재를 살아가는 일은 언제나 복잡하고 어렵다. 이런 순간, 지금 나의 감정을 솔직하게 바라보고, 그 감정을 '컬러'로 표현해보는 건 좋은 방법이 아닐까.

지금의 나는 어떤 색일까?

회색처럼 답답한지, 파란색처럼 차분한지, 노란색처럼 밝지만, 어딘가 쓸쓸한지. 이 질문은 단순히 컬러를 선택하는 것이 아니라, 자기 감정을 마주하고 회복하는 과정이다. 그리고 이 과정을 통해 조금씩 나만의 미래 컬러 또한 만들어 갈 수 있다. 과거를 정리하고, 현재를 인정한 사람만이 주체적으로 미래를 그릴 수 있기 때문이다.

결국, 행복한 삶을 살기 위해서는 누군가처럼 보이려 애쓰는 것이 아니라, 내가 어떤 컬러를 가지고 있는 사람인지 아는 것이다.

그리고 그 색이 무엇이든 나만의 인생으로 물들일 용기를 갖는 것이다.

08
콘텐츠에 보라색 시그니처를 더하다-유앤미

요즘 '나만의 콘텐츠란 뭘까'에 대해 자주 생각해보곤 한다. 그림이나 글이란 도구로 무언가를 만들어낸다는 건 결국 나를 표현하는 일이다. 그 안에 어떤 감정과 컬러를 담느냐에 따라 내가 누구인지 알 수 있다.

내가 만들고 싶은 콘텐츠는 '감정과 컬러'를 연결하는 이야기이다. 우리는 모두 다양한 감정을 겪고 살아가지만, 그 감정을 구체적인 언어로 표현하는 데 익숙하지 않다. 그래서 나는 '컬러'를 감정의 언어로 활용하여 사람들이 자신의 내면을 더 잘 이해할 수 있도록 돕는 콘텐츠를 만들고 싶다.

핵심은 "우리의 마음을 컬러로 말하는 것"

SNS 인스타그램에 올리는 콘텐츠들은 그날 내가 느낀 감정의 컬러를 고른 후, 그 컬러의 어떤 부분을 느꼈는지 조용히 되새겨보고, 감정과 어울리는 그림으로 표현하고 있다. 예를 들어 나를 전혀 보살펴주지 못하고, 타인들의 감정에만 집중했던 날은 '오늘은 스스로를 못 챙겼구나. 사랑이 넘치는 핑크를 나에게 써야겠다.' 생각하고 핑크 컬러를 눈으로, 손으로 느끼며 지친 마음을 따뜻하게 보듬어주는 것이다.

그림과 함께 느낀 감정을 간단히 글로도 표현하는데 종종 콘텐츠를 보고 연락을 주시는 경우가 있다.

"오늘 하루 뭔가 외롭고 힘들었는데 릴스를 보고 자신을 챙겨주지 못해서 느낀 감정임을 알게 되었어요"

"검정색은 단순하고 경조사에서 예의를 나타내는 컬러라 생각했는데, 무의식의 두려움을 느끼는 색임을 알게 되었어요. 신기하네요."

콘텐츠를 본 다양한 느낌을 말씀해주시고, 일면식이 없는 나에게 개인적인 이야기들을 해주실 때 참 감사하다. 처음 인스타그램을 시작할 때, SNS로 전혀 나를 드러내지 않았던 사람인지라 '나의 개인적인 일이나 감정을 솔직하게 풀어낼 수 있을까'하는 고민과 두려움이 컸다.

하지만 영상을 꾸준히 올리고 공감해주시는 분들과 조금씩 소통하면서 두려움이 사라지고 있다. 앞으로도 그저 보기 좋고 따라 하기 쉬운 콘텐츠가 아니라, 사람들이 컬러를 통해 자신의 감정을 말하고, 편하게 받아들이는 경험을 할 수 있는 콘텐츠를 만들고 싶다.

내가 컬러로 사람들에게 알려주고 싶은 이야기는 무엇일까? 컬러는 언어를 번역해주는 번역기 역할을 한다. 이해받고 싶은 마음, 조용히 쉬고 싶은 감정, 혹은 누구에게도 말하지 못한 상처까지. 그 모든 감정은 컬러로 표현될 수 있고, 컬러로 표현되었을 때 그 감정을 회피하지 않고 '인정'하게 된다. 즉, 컬러는 감정을 표현하는 새로운 언어이다. 우리는 하루에도 수많은 감정을 느끼고 흘려보낸다. 하지만 그 감정을 정확히 인지하거나 표현하는 데 익숙하지 않다.
"그냥 좀 그런 일이 있었어."
"별일 없었어.

사실 그 안엔 말로 하지 못한 수많은 감정의 언어가 숨어있다. 이때 컬러는 감정을 표현하는 좋은 도구가 되어준다. 가장 직관적이고, 가장 부드럽게 마음을 표현할 수 있는 감정의 언어인 것. 또한, 우리는 모두 각자의 색을 가지고 있다. 이 말은 단지 좋아하는 컬러를 말하는 게 아니다. 그 사람이 가진 분위기, 감정의 결, 삶을 대하는 태도까지 포함한 '정서의 컬러'를 의미한다.

누군가는 주변을 환하게 만드는 노란색 같은 사람이다. 늘 밝고 유쾌하지만, 그 안에 외로움이나 책임감 같은 무거운 감정을 꾹 눌러 담고 있기도 하다. 어떤 사람은 조용하고 이성적인 파란색처럼 보인다. 많이 말하지 않지만, 속은 단단한 사람.

또 어떤 사람은 변화를 두려워하지 않는 빨간색의 성향을 가졌다. 감정이 선명하고 솔직하며, 때로는 그 열정이 주변에 생기를 불어넣는다. 이처럼 사람마다 각자의 정서 컬러가 있다. 같은 상황을 겪어도 어떤 사람은 편안하게 넘기고, 어떤 사람은 깊이 분석하고, 어떤 사람은 열정으로 바꿔낸다.

중요한 건, 어떤 컬러가 더 좋은 것이 아니라는 것이다. 나의 컬러를 알고, 받아들이고, 활용할 수 있느냐가 더 본질적인 질문이다. 사람마다 각자의 색이 있다는 걸 깨달은 순간부터, 나는 '컬러'로 사람들과 마음을 나누는 일을 꿈꾸게 되었다.

지금은 전화상담이나 줌 상담처럼 비대면 방식으로 마음을 나누고 있지만, 언젠가는 실제로 몸을 쉬게 하고 마음을 내려놓을 수 있는 아늑하고 따뜻한 '보라색 아틀리에'를 만들고 싶다. 내가 꿈꾸는 아틀리에는 그저 예쁜 공간이 아니라 아이든 어른이든 누구든지 와서, 말로 다 하지 못한 마음을 컬러로 표현할 수 있는 공간이다.

누구의 눈치도 보지 않고, 정답도 없는 그곳에서 하얀 종이 위에 마음을 담아 물감으로 흘려보내고, 손끝으로, 색으로, 감정을 다듬을 수 있는 아늑한 쉼터를 만들고 싶다. 벽면에는 직접 그린 그림들을 나란히 걸고 싶다.

상담을 통해 만났던 수많은 감정의 조각들, 그리고 나 스스로 느꼈던 외로움, 회복, 따뜻함이 담긴 컬러의 기록들. 그 그림들이 공간을 감싸 안아주는 듯한 온기를 주었으면 좋겠다. 아이들은 자유롭게 크레파스를 쥐고 마음껏 그리다 깔깔 웃고, 어른들은 조용히 물감을 덜어 색을 칠하며 묵은 감정을 정리하고, 누군가는 "이 컬러를 보니 눈물이 난다."라고 말하며 마음의 고백을 시작하게 되는 그런 곳. 유앤미 아틀리에는 누구에게나 열려 있을 것이다.
그림을 잘 그리지 않아도 괜찮고, 말이 없어도 괜찮다. 그저 자신의 감정과 마주하고, 표현하고, 있는 그대로 받아들일 수 있는 공간. 그리고 그 공간의 컬러는 '보라'였으면 좋겠다. 나는 늘 보라색에 마음이 끌렸다. 빨강과 파랑이 섞인 색. 뜨거움과 차가움이 공존하는 색.

단순히 밝거나 어둡지만은 않은 감정의 결들을 품고 있는 보라색은 감정의 깊이를 존중하고, 내면을 탐색하게 만드는 색이다. 창의적이고 영적인 면을 자극하지만 동시에 고립, 우울감이나 감정 과잉의 그림자도 함께 가질 수 있는 컬러이며 따뜻함과 냉정함, 이상과 현실 사이를 잇는 '감정의 중간지점' 같은 컬러이다.

어릴 적엔 그저 예뻐서 좋았고, 지금은 보라색만의 묘한 분위기와 결이 좋다. 보라색은 내게 있어 예술성과 창의성을 깨워주고 자기 성찰과 치유, 감정의 깊이를 알게 해준 고마운 컬러이다. 이런 보라색이 공간 전체를 포근히 감싸듯 퍼져서, 들어오는 사람들의 마음을 조용히 다독여주기를 바란다.

지금은 화면을 통해, 목소리를 통해 마음을 전하고 있지만 언젠가는 직접 마주 앉아 색을 나누고, 감정을 함께 칠해가는 그 날을 꿈꾼다.

그리고 그 공간을 유앤미
- 당신과 나, 마음을 잇는 보라색 아틀리에라 부르고 싶다.

에필로그

당신만의 콘텐츠를 찾아서

 이 책을 덮는 순간, 당신은 어떤 생각을 하는가? 아마도 '나도 할 수 있을까?'라는 질문이 머릿속을 맴돌지도 모른다. 그 질문에 우리는 자신 있게 답한다. 그렇다, 당신도 할 수 있다.
 콘텐츠는 마치 도시의 골목길과 같다. 누군가는 번화가의 큰 거리를 따라가고, 또 누군가는 아무도 모르는 좁은 골목을 탐험한다. 어느 쪽이 옳다고 말할 수 없다. 그저 다른 여정일 뿐이다.
 이 책에서 다섯 영역의 전문가들이 자신만의 길을 보여주었다. 그 길은 모두 달랐지만, 각자의 방식으로 가치를 만들어냈다.
 우리가 발견한 가장 깊은 통찰은 의외로 단순하다. 진정한 콘텐츠에는 정답이 없다는 것. 그리고 그것이 가장 아름다운 점이다. 만약 콘텐츠에 정답이 있다면, 세상은 얼마나 획일적이고 지루할까. 당신만의 경험과 관점이 있기에 콘텐츠는 생명력을 얻는다.

우리의 시작도 어쩌면 아주 평범해서 누구도 관심을 가질 리 없을 거라 생각했다. 책을 쓰고, 강의하고, 컨설팅하는 지금도 가끔은 그런 의심이 든다. 하지만 우리가 나눈 '평범한' 이야기들이 누군가에게는 깊은 울림을 주었다. 당신이 무심코 지나친 그 순간들, 당신에게는 일상이지만 누군가에게는 인생을 바꾸는 통찰이 될 수 있다. 우리가 넘어졌던 돌부리는 다른 이에게 이정표가 된다.

콘텐츠를 만드는 여정에서 가장 큰 장애물은 외부가 아니라 내면에 있다.

"나는 전문가가 아니야", "이미 누군가 말했을 거야", "내 이야기가 누구에게 중요할까?"라는 의심이 우리를 가로막는다. 그러나 기억하자. 당신의 목소리가 세상에 울려퍼지지 않는다면, 그것은 세상의 손실이다.

나는 종종 가장 큰 영향력을 가진 콘텐츠가 가장 인간적인 콘텐츠임을 발견한다. 당신의 취약함, 실수, 좌절까지도 누군가에게는 용기를 주는 빛이 될 수 있다. 책상 서랍 속에 묻혀 있는 당신의 아이디어들, 메모장에 흩어져 있는 생각의 조각들, 마음 한구석에 자리한 미완성 프로젝트들. 이제 그것들을 세상에 내놓을 시간이다. 완벽해질 때까지 기다린다면, 영원히 기다려야 할지도 모른다. 불완전하더라도 시작하자. 콘텐츠는 완성품이 아니라 성장하는 생명체다.

당신의 콘텐츠가 세상에 나오는 순간, 어떤 일이 일어날까? 모두가 환호할까? 아마도 그렇지 않을 것이다. 처음에는 소수의 사람만이 당신의 목소리에 귀 기울일 것이다. 하지만 그들에게 집중하자. 한 사람의 인생을 변화시키는 것, 그것이 진정한 콘텐츠의 힘이다.

콘텐츠의 여정은 외로울 수 있다. 때로는 자신의 말이 허공에 사라지는 것 같은 느낌이 들기도 한다. 모든 위대한 콘텐츠는 한 사람의 용기 있는 표현에서 시작되었다는 것을 기억하자.

이 책을 통해 다섯 명의 서로 다른 분야 전문가가 하나의 목소리를 낼 수 있었던 것은 모두 강사라 대표님의 통찰력 있는 기획 덕분이다. 서로 다른 색이 만나 더 풍성한 팔레트를 만들 수 있게 해주신 그 비전과 믿음에 깊은 감사를 전한다. 때로는 혼자서는 보지 못하는 것을 다른 이의 눈을 통해 발견하게 된다.

마지막으로 이 책을 읽는 당신에게 말하고 싶다. 당신의 이야기는 중요하다. 당신의 경험, 통찰, 심지어 혼란까지도 누군가에게는 등대가 된다. 내일이 아닌 오늘, 세상에 당신의 목소리를 들려주자. 누군가는 그 소리를 간절히 기다리고 있다.

콘텐츠에는 정답이 없다. 그리고 그것이 가장 아름다운 점이다. 이제 당신만의 길을 만들어갈 시간이다.

관계소통 전문가 김나리

콘텐츠가
돈이되는
시대

초판 인쇄 2025년 8월 20일
초판 발행 2025년 8월 30일
지은이 강사라 박유련 정채빈 김나리 이청화
발행인 조현수
펴낸곳 도서출판 더로드
기획 조영재
마케팅 최문섭
편집 김지훈
본사 경기도 파주시 광인사길 68, 201-4호(문발동)
물류센터 경기도 파주시 산남동 693-1
전화 031-942-5366
팩스 031-942-5368
이메일 provence70@naver.com
등록번호 제2015-000135호
등록 2015년 6월 18일
정가 18,000원
ISBN 979-11-6338-493-9 (13320)

파본은 구입처나 본사에서 교환해드립니다.